원인과 결과의 법칙 - 실천편
오늘부터 좋은 사람이 되기로 했다

| 일러두기 |

1. 1장은 이서원 작가의 글과 그림으로 구성된 '더 나은 생각 실천 매뉴얼'이며, 2장은 제임스 앨런의 〈Out from the Heart〉(1904)를 온전히 우리말로 옮긴 것입니다.
2. 순서에 상관없이 읽어도 좋습니다. 마음이 닿는 곳부터 편하게 펼쳐 주세요.
3. 맨 뒤에는 '30일 응용 생각 실천 일기'가 실려 있습니다.

속이지 않는 삶은 축제의 연속이다.

원인과 **결과**의 **법칙** 실천편
오늘부터 좋은 사람이 되기로 했다

이서원 글·그림 | 제임스 앨런 지음 | 조대호 옮김

| 머리말 |

어느새 살며시 스며들 더 나은 인생

 산사에서 살던 몇 해 동안 스님이 입버릇처럼 하시던 말이 '인원과만(因圓果滿)'이었다. 뿌리가 든든하면 열매는 저절로 가득 맺힌다는 뜻이다. 30년 넘게 상담실에서 수많은 사람을 만나보니 삶도 결국 '인원과만' 네 글자를 벗어나지 않았다. 한 치의 오차도 없이 내가 한 대로, 남과 세상으로부터 복과 벌을 받는 게 인생이었다.

 여러 해 전, 우연히 제임스 앨런의 《원인과 결과의 법칙》을 읽고, 스님의 말이 서양 버전으로 또박또박 펼쳐진 책임을 알게 됐다. 동양이나 서양이나, 옛사람이나 지금 사람이나 깨닫고 느끼는 것이 다르지 않다는 사실이 신기했다.

 앨런은 '원인이 제대로 자리 잡으면 결과도 가장 바람직하게 나타남'을 수많은 경험과 그 경험에서 우러나온 이론을 통해 우리에게 친절하게 알려준다. 또한 그 이론을 현실에서 어떻게 실천하면 좋을지 조목조목 전해준다.

나는 앨런의 실천 방법을 그대로 소개하기보다, 한 걸음 더 나아가 지금 우리가 사는 이 시대와 이 문화에 맞게 구성해 나누고 싶었다. 이 책은 그런 노력의 결과로 나온 '한국형 제임스 앨런의 실천서'다.

제임스 앨런의 핵심 실천 방법은 열 가지다. 이 열 가지는 '몸과 말과 정신'으로 나누어진다. 몸에 대한 두 가지, 말에 대한 다섯 가지 그리고 정신에 대한 세 가지로 열 가지 방법이다.

이 책의 1장에서는 이 열 가지를 하나당 사흘씩 나누어, 한 달에 해당하는 총 서른 가지 실천 방법으로 제시한다. 하나의 생각마다 핵심 원칙 하루, 오늘 배워 내일 당장 써먹을 수 있는 현실적인 방법 이틀, 이렇게 총 3일 실천 루틴으로 구성했다. 구슬이 서 말이라도 꿰어야 보배다. 아무리 좋은 이야기라도 내 삶에 바로 적용하여 효과를 볼 수 있어야 의미가 있다. 이 책은 그런 점에서 말의 거품을 없애고, 바로 내 일상에 적용할 수 있는 방법을 제안한다.

매일 하루 분량의 본문에서 가장 먼저 등장하는 그림과 짧은 글은 영화 예고편과 같다. 이어질 내용을 함축적으로 담아 독자가 생각해 볼 수 있도록 했다. 그다음엔 일상에서 실천할 수 있는 현실적인 방법을 글로 담았다. 마지막에는 나 자신에게 질문하고 스스로 답할 수 있는 코너를 두어, 이 책이 오롯이 '나만의 책'이 되도록 구성하였다.

제임스 앨런은 생각이 원인이고 삶의 모든 현상은 그 결과라고 보았다. 그래서 생각을 바꾸면 다른 삶이 나에게 나타난다고 반복해 이야기한다. 이 책에서 이야기하는 열 가지 방법도 가만히 들여다보면 몸과 말, 정신을 더 나은 방향으로 이끄는 구체적인 생각의 연습이다. 더 나은 열 가지 생각은 더 나은 열 가지 삶을 선물할 것이다.

AI시대의 우리는 옛날 천재들이 생각한 것에 버금가는 지식을 갖고 있다. 그러나 안다는 것이 곧바로 내 삶으로 이어지지는 않는다. 아는 것을 실천하는 과정을 거쳐야 비로소 그 앎이 진짜 내 삶이 되기 때문이다.

'더 나은 생각 실천 매뉴얼'로 한 달 동안 더 나은 생각을 선택하는 실천을 통해, 더 나은 일상이 살며시 내 인생에 찾아오기를 빈다. 그 맛에 새로운 인생을 살 새로운 의지가 생긴다면 이보다 더 좋은 일이 어디 있겠는가. 이 책을 통해 더 멋지고 즐겁게 세상을 살아갈 희망을 품게 되기를 소망한다.

이서원

| 차례 |

머리말 어느새 살며시 스며들 더 나은 인생   004

1장   더 나은 삶을 위한 좋은 생각 습관

좋은 생각을 하는 삶이 천국이다   012
열 가지 좋은 생각을 하는 사람이 좋은 사람이다   016

01일 첫째, 미루지 마라   020
02일 끼워 넣기   024
03일 시작이 목표   028

04일 둘째, 많이 먹지 마라   032
05일 죽은 음식 말고 산 음식 먹기   036
06일 젓가락 다이어트   040

07일 셋째, 뒷담화하지 마라   044
08일 나는 그 사람을 다 아는가   048
09일 그건 니 생각이고   052

10일	넷째, 잡담하지 마라	056
11일	처음 보는 사람에게 스몰토크	060
12일	남 흠잡기가 시작되면 멈출 타이밍	064
13일	다섯째, 상처 주는 말을 하지 마라	068
14일	내 기분만 생각하지 않기	072
15일	상대를 불쌍하게 여기기	076
16일	여섯째, 무례한 말을 하지 마라	080
17일	믿을 사람 없다	084
18일	입으로 죄짓지 않기로 마음먹다	088
19일	일곱째, 흠집 내는 말을 하지 마라	092
20일	빈자리 말고 찬 자리 보기	096
21일	내 삶에 더 마음 쓰기	100
22일	여덟째, 마지못해 하지 마라	104
23일	왜 나는 이 일을 하는가, 묻기	108
24일	남 시키는 일 말고, 세상이 시키는 일 하기	112
25일	아홉째, 거짓말하지 마라	116
26일	나에게 투명해지기	120
27일	속이지 않을 때 생기는 마음의 평화 느껴보기	124

28일 열 번째, 복수하지 마라	128
29일 누가 손해인지 생각해 보기	132
30일 그보다 더 나은 사람이 되기	136

2장 모든 것은 마음에서 나온다

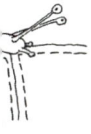

01 인생은 마음 가는 대로 만들어진다	142
02 생각을 바꾸면 현실이 바뀐다	146
03 마음속 버릇을 고치면 모든 것이 잘 풀린다	152
04 앎은 행동할 때 완성된다	157
05 더 나은 삶을 위한 열 가지 좋은 생각 습관	162
06 마음에서 생겨나는 원인과 결과의 관계	183
07 다시 태어난 당신에게 보내는 메시지	190

특별부록 · 30일 응용 생각 실천 일기   193

1장

좋은 사람이 되는
좋은 생각 열 가지

인생이라는 여행가방 속에
어떤 생각을 넣느냐가
인생 행복과 불행을 결정한다.

좋은 생각을 하는 삶이
천국이다

착하게 살던 사람이 저승에 갔다. 염라대왕이 살아온 기록을 보더니 천국에 가라고 했다. 기뻐하며 천국이란 곳에 들어갔더니 조그마한 방에 인상 좋은 네댓 사람이 웃으며 앉아 이야기를 나누고 있었다. 이게 천국이란 말인가. 허탈해진 사람이 다시 염라대왕을 찾아가 물었다. 천국이 고작 이런 곳입니까? 그러자 염라대왕이 말했다.

"자네, 뭘 잘못 아나 본데, 천국 속에 좋은 사람이 있는 게 아니라 좋은 사람 속에 천국이 있는 걸세."

천국이란 꽃이 피고 나비가 나는 푸른 동산이 아니다. 염라대왕 설명처럼 좋은 사람과 함께한다면 누추한 방이라도 그곳이 천국이다. 죽어야만 천국에 갈 수 있는 게 아니다. 살아서 좋은 사람들과 함께 웃고 이야기를 나눌 수 있다면 그곳이 천국이다. 좋은 사람이란 누구인가. 좋은 생각을 품고 사는 사람이 좋은 사람이다. 좋은 생각이란 무엇인가. 자기와 다른 사람을 살리고 싶어 하는 생각이 좋은 생각이다. 나를 웃게 하고 다른 사람도 웃게 하려면 어떻게 해야 할까를 생각하는 것이 좋은 생각이며, 그런 생각을 하고 사는 사람이 좋은 사람이다.

홍수에 마실 물이 없다는 말처럼, 주위를 둘러보면 좋은 사람을 만나기는 하늘의 별 따기다. 자기에게 이익이 되고 자기만 즐거우면 그만이라는 마음으로, 다른 사람이 아프든 말든 신경 쓰지 않는 사람이 대부분인 세상에 우리는 살고 있다. 그런 사람과 함께 있는 그 순간, 그곳은 죽지 않아도 지옥이다.

이런 세상에서 좋은 사람을 만나려면 어떻게 해야 할까. 가장 빠른 방법은, 내가 좋은 사람이 되는 것이다. 유유상종이란 말처럼, 내가 먼저 좋은 사람이 되어야 좋은 사람이 다가오기 때문이다. 그렇다면 어떻게 해야 내가 좋은 사람이 될 수 있을까. 좋은 생각을 하면 된다. 좋은 생각은 나와 다른 사람을 살리는 생각이다. 그렇다면 구체적으로 어떤 생각인 걸까.

오래전, 생각이 우리 삶에서 가장 중요하다고 이야기한 현자(賢者) 제임스 앨런은 우리에게 '좋은 생각 열 가지'를 권한다. 앨런은 이 열 가지를 삶에서 실천하면 우리가 좋은 생각을 하는 좋은 사람이 될 수 있다고 말한다. 물론 제임스 앨런의 말은 지금 들어도 깊은 울림이 있다. 하지만, 그는 우리나라 사람이 아니고, 우리가 살아가는 이 시대 사람도 아니다. 그래서 그의 이야기는 우리 문화와는 다르고 지금의 현실과도 꼭 맞지는 않는다. 그의 이야기가 아무리 옳다고 해도, 시대와 문화에 맞게 새롭게 조정하고 적용할 필요가 있다.

1장에서는 제임스 앨런의 좋은 생각 열 가지를 이 시대, 우리 문화에 맞는 방법으로 새롭게 풀어 제안한다. 이를 통해 앨런의 생각을 내 안에 품는다면, 좋은 생각을 하며 살아가는 좋은 사람이 될 것이다. 내가 좋은 생각을 하는 삶이 천국이다.

앨런네 빵집에는
맛있는 시나터 빵 열 개가 있다.

열 가지 좋은 생각을
하는 사람이 좋은 사람이다

　제임스 앨런이 이야기한 '좋은 생각 열 가지'는 얼핏 보면 누구나 할 수 있는 평범한 이야기로 느껴진다. 쉽고 간단하다. 그러나 자세히 보면 아무나 할 수 없는 비범한 이야기다. 말하기는 쉽지만 실천하기란 여간 어려운 일이 아니다. 우선, 좋은 생각 열 가지는 다음과 같다.

　첫째, 미루지 마라.
　둘째, 많이 먹지 마라.
　셋째, 뒷담화하지 마라.
　넷째, 쓸데없는 소리 하지 마라.
　다섯째, 상처 주는 말을 하지 마라.
　여섯째, 무례한 말을 하지 마라.
　일곱째, 흠집 내는 말을 하지 마라.

여덟째, 마지못해 하지 마라.
아홉째, 거짓말하지 마라.
열째, 복수하지 마라.

차례로 앞의 두 가지는 우리 몸에 대한 생각이다. 그 뒤 다섯 가지는 우리 말에 대한 생각이다. 나머지 세 가지는 우리 마음에 대한 생각이다. 몸에 대한 생각, 말에 대한 생각, 마음에 대한 생각 열 가지를 잘하면, 우리는 좋은 생각을 하는 좋은 사람이 된다는 것이 제임스 앨런의 이야기다.

열 가지 가운데 우리가 하는 말에 대한 것이 절반인 50%를 차지한다는 점에 주목할 필요가 있다. 앨런에 따르면, 말조심만 잘해도 우리는 이미 절반은 좋은 사람이 된다. 그 사람이 하는 말이 그 사람의 인격이다. 앨런의 생각에서도 '언격이 곧 인격'이라는 점을 확인할 수 있다. 무심코 내가 내뱉는 말 가운데 이 다섯 가지에 해당하는 말이 있는지 살펴보고, 그것을 하지 않으려고 노력할 때 나는 더 좋은 사람이 된다.

다음으로, 몸에 대한 두 가지 생각도 간단하지만 실천하기 어렵다. 미루는 습관도 과식하는 습관도 현대인에게는 고질적인 몸의 습관이다 보니, 그러지 말아야지 하면서도 어느새 늘 하던 습관으로 돌아가곤 한다. 이 고질적인 습관을, 생각을 바꿈으로써 변화시킬 수 있다면 그건 분명 큰 행운이다.

마지막으로, 마음에 대한 세 가지 생각은 보다 품격 있는 좋은 사람이 되기 위해 품으면 좋은 고급 덕목들이다. 몸이 기본이고, 말이 몸통이라면 마음은 화룡점정의 영역이다. 기쁘게 도전할 만한 덕목이다.

제임스 앨런의 열 가지 생각이 좋은 생각의 전부라고 말할 수는 없다. 좋은 생각은 이외에도 백 가지, 천 가지가 있을 수 있다. 그렇지만 평생을 '좋은 생각이란 무엇인가'를 사유하며 살아온 현자의 이야기에 귀 기울이고, 이를 내 삶 속에 녹여 내 것으로 한다는 것. 그것은 적은 노력으로 큰 가르침을 나에게 담는 뜻깊은 경험이 된다. 또한 이를 실천함으로써 더 많은 좋은 생각으로 확장될 수 있고, 더 나은 사람이 될 수 있다. 이런 점에서 이 책의 실천 지침을 따라 살아보는 30일은 내 삶을 더 좋은 삶으로 바꾸는 터닝포인트가 될 것이다.

1장은 열 가지 지침을 내 삶에서 실천할 수 있도록 안내하는 내용으로 이루어져 있다. 열 가지 생각을 30일 동안 실천해 보는 것이다. 각각의 생각에 대해 나의 경험을 솔직하게 적어보고, 새롭게 하면 좋을 생각도 적어보자. 이 과정을 통해 나 스스로 나의 문제점을 알아차리고 나에게 맞는 방법으로 개선해 나갈 수 있을 것이다.

좋은 글은 필사할 수도 있고, 좋은 글을 참고로 하여 나만의 글을 쓸 수도 있다. 나만의 글이 담긴 책은 제임스 앨런의 책도, 이서원의 책도 아닌 오롯이 나의 책이 된다. 남의 책이 아니라 나의 생각과 이야기, 다짐을 담은 나의 책. 그 책은 나를 새롭게 업그레이드하는 야무진 실천 일기장이 될 것이다.

01일

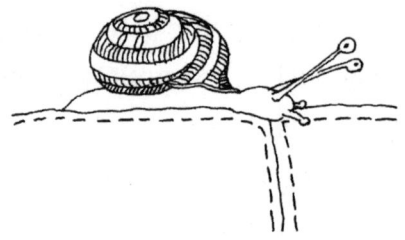

다른 날 할 수 없는 일이래변
오늘도 할 수 없다.
— 몽테뉴 —

첫째, 미루지 마라

제임스 앨런은 좋은 생각 가운데 첫 번째로 '미루지 말자'는 다짐을 마음에 새기고 살아가기를 권한다. 사람은 일하기 위해 태어났다고 해도 과언이 아닐 정도로 평생 일을 하다 일을 마치는 순간 죽음을 맞이한다. 그러므로 일에 대해 어떤 생각을 하느냐는, 곧 평생을 어떻게 살아갈 것인가를 결정짓는 바탕이 된다.

앨런은 일에 대한 수많은 생각 가운데 가장 근본이 되는 생각으로 '지금 할 일을 나중으로 미루지 말고, 지금 하는 것'을 들고 있다. 내일 할 수 있는 일은 오늘도 할 수 있다. 한때 나이키 슬로건은 'just do it'이었다. 다른 핑계 대지 말고 지금 바로 하라는 말이다. 이는 제임스 앨런이 말한 '지금 하고, 뒤로 미루지 말라'는 생각을 함축적으로 담은 표현이다.

머리로는 앨런의 말이 맞다고 끄덕이지만, 실제 몸으로 실천하는 것은 별개의 문제다. 나는 박사과정 논문을 마치는 데 남들보다 두 배 가까운 기간이 걸렸다. 보통 4년 정도 지나면 마친다는 논문을 나는 7년 만에 마쳤다. 친구들은 30대에 하는 결혼을 나는 40대에 했다. 형이 결혼한 후에 하겠다고 말하던 내 동생은 해가 가도 미루기만 하는 나를 보며, 똥차 때문에 벤츠가 못 나간다고 볼멘소리를 했다. 그 외에도 크고 작은 일들을 뒤로 미루며 살아왔다. 미루는 것은 나의 고질적인 습관이었다.

고쳐야지 다짐하곤 했지만 그게 마음처럼 되지는 않았다. 가만히 들여다보니, 미루는 것이 나쁘지만은 않았다. 무엇 하나라도 미루어서 좋은 게 있었으니 미루었고, 그것이 반복되면서 습관이 되어버린 것이다.

미루어서 좋은 첫 번째는 당장 몸이 괴롭지 않다는 것이었다. 박사논문을 쓰는 일도, 결혼할 여자를 만나는 일도 여러 가지로 몸이 고달픈 일이었다. 다른 일도 마찬가지였다. 미루지 않고 하려면 몸을 움직이고 고생을 해야 했다. 미루면 아무것도 하지 않아도 됐다. 나중에 시작하기 전까지 몸은 편했다.

다음으로 좋은 것은, 마지막에 며칠만 고생하면 그 전까지는 편하게 지내도 된다는 것이었다. 뭉근하게 조여오는 스트레스만 어찌어찌 견디다 보면 몸은 오랫동안 편했다. 마지막에 반짝 고생만 하면 어찌 됐든 일은 마무리되었다.

그런데 나이가 들수록 반짝 고생으로는 마무리되지 않는 일이 늘어났다. 게다가 뭉근하던 스트레스는 이제 견디기 힘들고 버티기 어려운 스트레스로 바뀌었다. 나는 어떻게든 미루는 습관을 고칠 방법을 찾아야 했다. 그리고 그 답을 의외의 길에서 찾았다.

'미루지 말아야지' 다짐하는 것은 좋은 답이 아니었다. 너무 힘이 들기 때문이다. 내가 발견한 두 가지 방법은 가장 힘이 적게 들면서 가볍고 부담 없이 미루는 습관을 바꿀 수 있는 실천법이다.

미룸에 대한
내 생각 적어보기

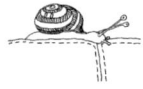

나는 제때 일하는 타입? or 미루었다가 한 번에 하는 타입?

미루어서 좋은 점은?

미루지 말아야 할 이유는?

02일

갓산 나이프와 포크 속에 숟가락
하나 끼우면 괜찮은 함이 된다.

미루지 않으려면
끼워 넣기

 미루는 것은 오래된 습관이라 결심 따위로 바뀔 만큼 호락호락하지 않다. 인생에서 가장 강력한 힘은 습관이기에 미루는 습관 또한 쉽게 바뀌지 않으려는 강력한 힘을 가지고 있다. 그래서 아무리 고쳐야겠다고 마음먹어도 좀처럼 달라지지 않는다.

 미루는 습관은 속성상 다이어트와 비슷하다. '이번엔 꼭 살을 빼야지' 다짐해도, 식단관리를 시작한 지 얼마 지나지 않아 폭식하게 되고, 요요현상을 거쳐 다시 예전 몸무게로 돌아간다. 왜 그럴까. 가만히 생각해 보면 답이 나온다. 하기 싫은 일을 억지로 하려 하기 때문이다. 나도 수없이 다이어트를 해봤지만 매번 요요 앞에 무릎을 꿇고 말았다. 맛있는 것을 마음껏 먹고 싶은 욕망보다 더 강한 욕망은 없다고 해도 과언이 아니다. 그것을 억지로 참으니 참은 만큼 반발심이 생긴다. 조금만 빈틈이 생겨도 호시탐탐 기회를 노리던 식탐이 되살아난다.

 좋아하는 일을 계속하는 건 쉽지만, 싫어하는 일을 계속하는 건 정말 힘들다. 다이어트는 싫어하는 일을 계속 해야 하는 것이기에 너무 힘들고 괴롭다. 언제 무너져도 이상하지 않은, 겨우 버티는 견딤이고 참음일 뿐이다.

이런 현상은 미루는 습관에서도 똑같이 작용한다. 미룰 때 느끼는 달콤한 만족감은 맛있는 음식을 먹을 때와 같다. 그래서 미루는 습관을 고치겠다며 계획표를 만들고, 계획대로 해보자고 다짐해도 얼마 지나지 않아 또다시 해야 할 일을 미루고 있는 나 자신을 마주하게 된다.

억지로 고치거나 바꾸려고 하면 정신 에너지가 많이 소모된다. 조금이라도 덜 소모되게 하는 방법을 써야 자연스럽게 미루는 습관을 바꿀 수 있다. 그것은 정신 에너지를 거의 쓰지 않는 일 사이에 해야 할 일을 슬쩍 끼워 넣는 방법이다. 즉, 내가 좋아서 하는 일 틈새에 해야 할 일을 슬쩍 끼워 넣는 것이다.

심리학자 닐 피오레(Neil Fiore)는 "1~2년 내에 학위논문을 끝내는 사람들은 3~13년이 걸리는 사람들보다 더 바쁘고 다채로운 삶을 살고 있다"고 했다. 사람들과의 만남이나 참여하는 행사가 다양하다는 점을 발견한 것이다. 바쁜 삶을 사는 사람들은 자기가 좋아하는 일들을 이것저것 하면서, 그 틈에 해야 할 일을 툭툭 끼워 넣는다. 그 결과, 정신 에너지가 별로 소모되지 않는 좋아하는 일들을 주로 하면서, 정신 에너지가 많이 소모되는 해야 할 일도 하게 되어 균형이 맞추어진다.

이것이 바쁘게 살면서도 해야 할 일을 제때 해내는 사람들이 가지고 있는 비밀 열쇠다. 살고 싶은 삶을 중심에 두고, 해야 할 일을 그 사이에 살짝 끼워 넣으면 두 마리 토끼를 다 잡을 수 있다.

끼워 넣기에 대한
내 생각 적어보기

요즘 내가 해야 하는데 미루는 일은?

요즘 내가 즐겨 하는 일은?

해야 하는 일 속에 즐겨 하는 일을 끼워 넣을 방법은?

03일

한 점을 찍어야 글 한 자가 되고
책 한 권이 될 수 있다.

미루지 않으려면
시작이 목표

내가 출연하던 라디오 방송에 고정 출연하던 젊은 여행가가 있었다. 그는 30대 초반에 세계 일주를 마쳤다. 돈이 얼마나 많기에 이른 나이에 세계 일주를 할 수 있었을까.

"돈이 많으셨나 봐요."

내 말에 그는 예상치 못한 대답을 내놓았다.

"선생님, 저는 도전이 꿈이에요. 예를 들어, 스페인에 가고 싶다는 마음이 생기잖아요? 그러면 도전할 거 아니에요? 그러다 보면 어느새 제가 스페인에 가 있더라고요. 그리고 스페인에서 여행을 하려면 돈이 필요하잖아요? 그럼 또 '접시라도 닦아보자' 하고 도전을 해요. 그러다 보면 또, 어느새 돈을 들고 스페인 어느 마을에 가 있더라고요."

'도전이 꿈'이라는 그의 말은 "시작이 반이다"라는 속담을 현실에 옮긴 것이었다. 일단 시작하면 하게 된다. 미루는 사람들의 공통점은 시작하지 않는다는 데 있다. 해야 할 일을 '마치는 것'을 목표로 삼지 말고, 그저 '시작하는 것'으로 목표를 바꿔보자. '도전이 꿈'이라는 젊은 여행가처럼.

해야 할 일을 마치거나 잘 해내는 것을 목표로 삼으면 부담스러워서 자꾸만 뒤로 미루게 된다. 하지만 시작하는 것을 목표로 하면 부담이 훨씬 줄어든다.

얼마 전 산행을 즐기던 동생이 설악산 종주를 다녀온 후 내게 물었다.

"형, 설악산에서 제일 먼 곳이 어딘지 알아?"

"대청봉?"

"아니야. 설악산 입구까지가 제일 멀어."

입구까지만 가면 어떻게든 설악산 대청봉에 오르게 되는 게 등산하는 사람의 속성이라는 거다. 그 말을 들으며 생각했다. 시작이 반이 아니라, 시작이 70%쯤 되는 게 아닐까.

나도 책을 쓸 때, '이번엔 꼭 책을 내야지' 마음먹으면 오히려 차일피일 뒤로 미루게 됐다. 그런데 어느 순간, '시작만 해보자' 가볍게 마음먹자, 하나둘 글이 모여 어느새 책이 나올 분량이 되어 있었다.

우리가 잡는 목표는 늘 높고 까마득하다. 그러나 첫걸음은 낮고 쉽다. 낮고 쉬운 것을 목표로 삼으면 마음 부담이 사라진다. 일단 시작하면 어떻게든 하게 되어 있는 게 사람 마음이다.

이제부터는 '시작하는 것'을 목표로 바꿔보자. 그러면 부담이 훅 내려가면서 즐거운 마음까지 든다. 어쩌면 미루는 습관도 조금씩 나아질 수 있다.

시작에 대한
내 생각 적어보기

미루던 일 중 일단 '시작하고 싶은 일'은?

그 일을 시작할 수 있는 '때'는?

그 일을 시작할 수 있는 '장소'는?

04일

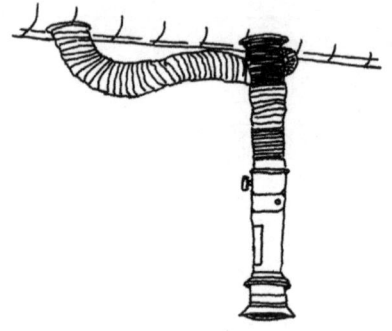

예전에는 먹지 못해 고통스러웠고
지금은 너무 먹어 고통스럽다.

둘째, 많이 먹지 마라

 자연을 보면 알 수 있다. 비만인 나무는 없다. 식물도 동물도 필요 이상을 먹거나 취하지 않는다. 오직 인간만이 필요 이상의 음식을 먹고, 그로 인해 비만이나 성인병으로 힘들어하고 괴로워한다. 우리가 먹은 것의 모음이 몸이 된다. 무엇을 먹느냐가 내 몸을 만든다.

 제임스 앨런은 우리가 더 나은 삶을 살기 위해 가져야 하는 두 번째 생각 습관은 '많이 먹지 말자'는 생각을 행동으로 옮기는 것이라고 말한다. "필요한 만큼만 먹으면 의사가 굶어 죽는다"는 서양 속담이 있다. 예전에는 필요한 만큼 먹지 못해 고통스러웠다면 오늘날에는 필요 이상으로 먹어 고통스럽다. 다이어트 산업은 미용 산업, 학원 산업과 함께 가장 큰 수익을 올리는 '황금알 산업'이 되었다.

 많이 먹지 말고 건강하게 먹으라는 말을 무수히 들으면서도 쉽게 실천하지 못한다. 먹어야 살기 때문이다. 굶으면 죽는다. 나이가 들어 돌아가신 분들의 이야기를 들으면 곡기를 끊고 며칠 후에 돌아가셨다는 말이 한 번씩 나온다. 굶으면 살아갈 에너지가 없으므로 생을 이어갈 수 없다.

인류가 굶주림에서 벗어난 시간은 백만 년의 역사 중, 채 100~200년 남짓이 되지 않는다. 살고 죽는 문제가 늘 먹을 것에 달려 있었다. 지금도 텔레비전에서는 굶주린 아프리카 아이들을 돕자는 캠페인이 나오고, 전쟁으로 먹을 것이 없어 고통받는 난민들이 뉴스를 장식한다. 그 결과 인류는 먹을 것에 대한 강한 집착을 갖게 되었다. 훗날 굶을 날을 대비해 먹을 수 있을 때 많이 먹어 두려는 저장 본능이 자리 잡고 있다.

많이 먹고 잘 먹어 생기는 문명병이 당뇨다. 당뇨는 적당히 먹어 맑게 흐르던 피가 너무 많이 먹고 기름진 것을 먹으니 뻑뻑하고 끈적끈적하게 되어 제대로 흐르지 못하는 병이다. 과거에는 당뇨병 환자가 적었다. 먹을 것 자체가 많지 않았기 때문에 소식할 수밖에 없었고, 야채와 과일처럼 자연에서 나는 것을 주로 먹을 수밖에 없어 가공식품이나 기름진 육식은 쉽게 접할 수 없었다. 또 먹을 것을 구하기 위해 산과 들을 뛰어다녀야 했다. 지금도 경제적으로 부유한 나라에 당뇨병 환자가 가난한 나라보다 많고, 시골보다 도시에 더 많은 것도 이 때문이다.

음식은 양과 질 두 가지 측면으로 이루어진다. 이 가운데 '질'은 전문가가 아니면 알기 어렵다. 보통 사람이 가장 쉽게 알 수 있는 것은 많이 먹느냐, 적게 먹느냐다. 앨런은 이 가운데 '적게 먹는 것'을 생활화하라고 권한다. 적게 먹어야 생각을 담당하는 뇌도 생생하게 기능할 수 있다. 더부룩한 위는 둔한 뇌를 만들어 생각하는 기능마저 떨어뜨리게 된다. 몸이 가벼워야 생각도 가벼울 수 있다.

과식에 대한
내 생각 적어보기

나는 내 주변 사람들보다 많이 먹는 편인가?

나는 주로 어떨 때 과식하게 되는가?

적게 먹어야겠다고 느끼는 순간은?

05일

필요한 만큼만 햇빛을 쬐고
필요한 만큼만 물을 마신다.
나무는 제만이 없다.

많이 먹지 않으려면
죽은 음식 말고 산 음식 먹기

다이어트하는 방법은 간단하다. 양을 줄이고, 질을 좋게 하면 된다. 먼저 양이다. 적게 들어가고 많이 나가면 된다. 다음으로 질이다. 죽은 음식 말고 산 음식을 먹으면 된다. 튀기고, 볶고, 삶고, 데치면 음식이 죽는다. 패스트푸드는 죽은 음식의 대표다. 공장에서 나오는 음식도 죽은 음식이다. 반면, 채소와 과일, 생선은 산 음식의 대표다.

오늘날 음식의 90%는 죽은 음식이다. 아무리 적게 먹더라도 죽은 음식을 즐겨 먹으면 살은 빠지지 않는다. 미국 여행을 하다 보면 유난히 뚱뚱한 사람이 많다. 세상의 온갖 죽은 음식이 눈을 유혹하며 가득한 나라가 미국이다. 그런 나라에서는 뚱뚱하지 않은 것이 이상할 정도다.

자연계에서 인간을 빼면 비만인 동물도, 식물도 없다. 그 이유는 하나다. 그들은 죽은 음식, 즉 가공식품을 먹지 않기 때문이다. 오직 산 음식만을 먹는다.

문제는, 죽은 음식이 더 맛있다는 데 있다. 산 음식은 몸이 끌어당기지만, 죽은 음식은 혀가 끌어당긴다. 햄버거와 콜라로 부족해 감자튀김이 추가되고, 샐러드가 세트로 나오고, 튀긴 치킨까지 얹히면 필요한 양보다 훨씬 많은 양을 순식간에 흡입하게 된다. 빠르고 맛있으니 이보다 좋은 음식이 없다. 패스트의 뜻은 '빠르다'이다. 빠르게 먹으니 많이 먹게 된다.

어릴 때, 엄마 젖을 떼고 나면 이유식을 먹는다. 이유식을 폭풍 흡입하는 아이를 상상하긴 어렵다. 이유식은 맛은 없지만, 아이의 몸에 좋은 살아있는 음식이다. 살아있고 맛없으니 천천히 먹게 된다. 나도 아들을 키우면서 이유식을 덜 먹는 경우는 봤어도 과식하는 모습을 본 적은 없다.

암에 걸리면 죽을 먹는다. 암 환자가 과식하는 모습을 본 적도, 들은 적도 없다. 죽은 말 그대로 '죽을 맛'이다. 암으로 인한 통증과 입맛 저하로 맛없는 음식을 먹는 것조차 고역이지만, 맛이 없으니 오히려 과식할 일도 없다.

맛있다는 것은 양날의 칼이다. 살아가는 기쁨을 주기도 하지만, 우리 몸을 병들게 하기도 한다. 맛있는 음식은 건강에 좋지 않다. 반대로, 맛이 덜한 음식은 건강에 좋다. 그래서 늘 고민한다. 맛이냐, 건강이냐. 맛이냐, 다이어트냐.

산 음식은 과식하기가 어렵다. 엄청나게 맛있지 않기 때문이다. 은근하고 은은하게 맛있다. 그 덕분에 질리지도 않는다. 또 포만감도 쉽게 느낄 수 있다. 다이어트를 성공하려면 양보다 질이 더 중요하다. 죽은 음식 대신 산 음식을 먹는 습관을 들이자. 그러면 가벼운 몸으로 살 수 있다.

음식에 대한
내 생각 적어보기

내가 즐겨 먹는 죽은 음식은?

내가 즐겨 먹는 산 음식은?

내가 줄이고 싶은 죽은 음식은?

06일

니가 뭔데
날 울리고 웃기냐

많이 먹지 않으려면
젓가락 다이어트

상담하다 보면 가끔 특이한 사람을 만나게 된다. 한번은 집단 상담 중, 많아야 60대 초반쯤 되어 보이는 분이 실제로는 70대 중반이라는 이야기를 듣고 깜짝 놀란 적이 있다. 피부도 말끔했고, 군살 하나 없이 탄탄한 몸이었다. 게다가 임플란트 하나 한 적 없다는 말에 신기함마저 느꼈다.

건강검진을 받으면 몸 나이가 스무 살쯤 젊게 나온다고 했다. 모두 그의 비결을 알고 싶어 했다. 나도 그랬다. '어떻게 하면 저 나이가 돼서 저 어른처럼 될 수 있을까?' 비결을 물어보았다. 그러자 어르신이 웃으며 말했다.

"꼭꼭 씹어 먹으면 돼요."

그러면서 꼭꼭 씹어 먹게 된 사연을 들려주었다.

중학 시절, 처음 먹어본 냉면에 홀딱 반해 하루에 열 그릇 이상 먹다가 위가 아래로 쳐지는 위하수에 걸려 엄청나게 고생했다고 한다. 약도 소용없었다. 그러다 지나가던 동네 어른이 "꼭꼭 씹어 먹으면 낫는 수가 있다"고 한 말을 듣고 실천하게 된 세월이 벌써 60년이 다 되어간다고 했다.

그는 아이들이 1분도 안 돼 도시락을 까먹던 학창 시절엔 도시락을 들고 혼자 교실 밖 운동장에서 천천히 먹었고, 빨리 먹어야 하는 군대에서도 밥을 조금만 떠서 천천히 먹었다고 한다. 그 결과, 중학교 시절 이후 단 한 번도 소화불량을 겪은 적이 없었으며 건강검진을 받으면 위 나이가 30대 초반으로 나온다고 했다.

"위에는 이가 없어요."

입에서는 이로 꼭꼭 씹을 수 있어도, 위에는 이가 없으니 씹지 못한다는 말이었다. 그는 꼭꼭 씹으면 좋은 두 가지도 알려주었다. 첫째, 천천히 씹을수록 소화효소인 아밀라아제가 입안 가득 고여 위로 넘어간다. 둘째, 그렇게 내려오는 음식은 위에 부담을 주지 않아 싱싱한 상태를 유지할 수 있다.

그는 평생 무엇을 먹든 천천히 먹었다. 천천히 먹기 위해 그가 개발한 다이어트 이름이 '젓가락 다이어트'였다.

밥을 먹을 때, 젓가락으로 반찬 하나를 집어 입에 넣고, 꼭꼭 씹어 죽처럼 만들어 목으로 넘겼다. 그런 후에 다시 젓가락을 들어 다른 반찬을 집었다. 그렇게 밥을 먹으니 밥 먹는 시간이 보통 사람보다 두세 배 더 걸렸다. 나도 어른의 이야기를 듣고 호기심이 생겨 몇 달간 젓가락 다이어트를 따라 해보았다. 결과는 놀라웠다. 지금은 나도 젓가락 다이어트 전도사가 되었다.

젓가락 다이어트의 장점은 분명하다. 돈이 들지 않는다. 천천히 먹기만 하면 된다. 젓가락 다이어트에 도전해 보자. 날씬한 몸이 기다리고 있을 것이다.

천천히 먹기에 대한
내 생각 적어보기

내가 밥 먹는 데 걸리는 시간은?

젓가락 다이어트를 한다면 식사 시간이 얼마나 늘어날까?

젓가락 다이어트를 한다면 언제 시작하고 싶은가?

07일

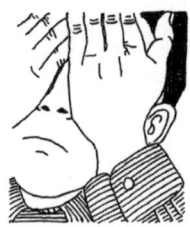

뒷담화는 두 사람을 까다.
까이는 사람과 까는 사람.

셋째, 뒷담화하지 마라

제임스 앨런은 좋은 생각 습관 중 세 번째로 "뒷담화하는 습관을 버리라"고 제안한다. 그에게 뒷담화는 대상이 되는 사람과의 관계를 왜곡시키고, 뒷담화하는 '자기 자신'을 존중할 수 없게 만드는 좋지 않은 습관이다.

이런 앨런의 생각이 옳긴 하지만, 현실적으로 무 자르듯 오늘부터 절대 뒷담화는 하지 않겠다고 결심하고 실천하기란 쉽지 않다. 우리는 연약한 인간이자 감정의 동물이기 때문이다. 정면으로 비판하거나 따질 수 없는 상황은 현실속에 비일비재하다. 그럴 때 끙끙거리며 속상한 마음을 품고 있으면 화병이 생기고, 스트레스로 잠 못 이루는 밤을 보내기 일쑤다. 이런 상황에서 비슷한 경험을 한 사람과 함께, 더 힘 있고 갑질하는 상대를 욕하다 보면 가뭄에 단비 내리는 듯한 카타르시스를 느끼게 된다.

인류 역사상 사라지지 않고 남아있는 부정적인 것 두 가지는 욕과 뒷담화다. 욕은 거의 모든 시대, 모든 사회에 존재해 왔다. 그 가장 큰 기능은 속을 시원하게 하는 배설 기능이다. 속상한 마음을 가장 짧은 시간에 가장 시원하게 털어내는 데 욕만 한 게 없다. 그래서 어린애도 욕을 하고, 아흔 넘은 어른도 욕을 한다.

초등학교 4학년이 된 아들이 어느 날 내게 물었다.

"아빠, 나 빼고 욕 안 하는 애들이 아무도 없어. 나도 욕해도 돼?"

"그럼 욕해도 돼."

"진짜?"

"그럼. 근데 승준아, 너 똥이 마려우면 어디에 싸?"

"화장실."

"거실에서 싸지 그래."

"아이, 그건 아니지."

"그렇지. 똥은 화장실에서 혼자 싸는 거지. 욕도 그래. 욕은 마음의 똥이야. 싸긴 해야 하는데 아무 데서나 싸는 건 아니지. 혼자 욕하는 건 얼마든지 해도 돼."

그날 이후 아들이 혼자 어디서 욕을 하는지는 모르겠지만 부모나 다른 사람 앞에서 욕하는 모습은 아직 본 적이 없다. 욕과 마찬가지로 뒷담화도 억울하고 약한 사람들의 막힌 속을 풀어주는 해소의 통로다. 안 하는 게 답이 아니라 잘하는 게 답이다.

그래서 "뒷담화하지 마라"는 앨런의 말은 그 뜻을 받아들이되 현실에 맞게 재해석할 필요가 있다. 악의적인 뒷담화는 그의 생각처럼 현실을 왜곡시키고 하는 사람의 인격을 갉아먹지만, 허용할 만한 뒷담화는 오히려 건강에 도움이 된다고 재해석하고 건강한 방법을 찾는 것이 더욱 적절한 생각이다.

뒷담화에 대한
내 생각 적어보기

나는 주로 누구 뒷담화를 하는가?

그 사람 뒷담화를 함께 하는 사람은?

지금 하는 뒷담화 말고 하고 싶은 다른 방법이 있다면?

08일

잘 알지도 못하고 총을 보는 것은
조준하지도 않고 총을 쏘는 것이다.

뒷담화하지 않으려면
나는 그 사람을 다 아는가

뒷담화를 덜 하는 사람은 있어도, 안 하는 사람은 없다. 뒷담화를 하지 않으면 사는 재미가 절반으로 줄어들기 때문이다. 다른 사람에 대해 좋은 이야기만 하면 좋을 것 같지만 곧 지루해지고 재미가 없다. 하지만 다른 사람에 대해 싫은 이야기를 하면 속으로는 '이래도 되나?' 싶으면서도 시간 가는 줄 모르게 재미있다. 그것도 '너무' 재미있다. 게다가 뒷담화하는 사람들끼리 끈끈한 연대감과 친밀감까지 생긴다.

이런 이유로 사람들은 오래전부터 뒷담화를 해왔고, 앞으로도 변함없이 뒷담화를 할 것이다. 그래서 뒷담화하지 말라는 말은 재미없게 살라는 말 같아서 권하고 싶지 않다. 차라리 "꼭 해야 될 땐 시원하게 하고, 꼭 하지 않아도 될 땐 아주 조금만 줄여보라"고 말하고 싶다.

뒷담화하며 재미를 느끼고, 하고 난 후에 죄책감을 느낀다면, 재미는 그대로 두고 죄책감만 줄이는 쪽이 낫지 않겠는가. 죄책감을 줄이려면 '누구나 뒷담화를 한다. 나도 한다'는 사실을 자연스럽게 받아들이는 게 좋다. 모두가 하는 뒷담화를 나만 하는 것처럼 여기고 죄책감에 시달린다면, 남은 아무렇지도 않게 잘 사는데 나만 나무라니 불공평하지 않은가. 나도 뒷담화를 한다고 솔직하게 인정하면 죄책감이 훨씬 줄어든다. '다 하는 데 뭐' 하고 가볍게 생각하면 된다.

뒷담화를 덜 하려면 가수 김예림의 노래 〈잘 알지도 못하면서〉의 가사를 기억해 보자. "잘 알지도 못하면서 다 알지도 못하면서 왜 매번 날 다그치기만 해." 여기서 '다그치기'를 '뒷담화'로 바꿔 넣으면 "잘 알지도 못하면서 다 알지도 못하면서 왜 매번 뒷담화를 해"가 된다.

오래도록 시청자들의 사랑을 받아온 작가 중에 김수현 작가가 있다. 김수현 작가의 작품은 믿고 본다는 시청자가 많다. 그가 쓴 드라마는 아무리 나쁜 캐릭터도 미워할 수 없게 만든다. 다른 사람에게 나쁜 짓을 하는 악당에게도 그럴 수밖에 없는 사정이 있다는 점을 김수현 작가는 탁월하게 그려낸다. 그래서 그의 드라마를 보며 나 역시 '나라도 저럴 수밖에 없었겠다'는 생각이 절로 들었다.

희랍 격언 가운데 "뭘 웃나. 이름만 바꾸면 당신인데"라는 말이 있다. 드라마 속 인물은 이름만 바꾸면 숨기고 싶고 아닌 척하고 싶은 내 안의 부끄러운 모습이 된다. 그 사람을 다 알고 나면 그 사람을 함부로 판단하고 욕할 수 없게 된다. 그에게도 그만의 사정이 있고 그럴 수밖에 없는 이유가 있기 때문이다.

그러므로 뒷담화하기 전에 '나는 이 사람을 다 아는가? 잘 아는가?'를 물어보자. 이 질문을 습관처럼 던지면 지금 하는 뒷담화는 절반 이하로 줄어들 수 있다.

이해에 대한
내 생각 적어보기

뒷담화하는 그 사람을 나는 얼마나 잘 알고 있는가?

그 사람이 그럴 수밖에 없다고 생각한다면 떠오르는 이유는?

그럴 수밖에 없겠다고 생각하면, 그가 어떻게 느껴지는가?

09일

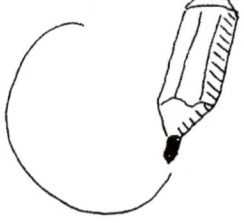

내가 그린 원은 내가 아니야.
그건 니 생각일 뿐이지.

뒷담화하지 않으려면
그건 니 생각이고

뒷담화에는 두 사람이 있다. 뒷담화하는 사람, 그리고 당하는 사람. 만약 내가 뒷담화를 당하는 사람이라면 어떻게 받아들이는 게 좋을까.

뒷담화가 문제가 되는 건, 그 말이 돌고 돌아 당사자의 귀에 들어왔을 때다. 누군가 나에 대해 이러쿵저러쿵하는 소리를 좋아할 사람은 없다. 좋은 소리나 덕담은 뒷담화에 존재하지 않기 때문이다. 대개 말도 안 되는 모략이나 깎아내리는 소리가 가득 담겨 있는 게 뒷담화다 보니 당사자인 내가 듣게 되면 불같이 화가 나고 응징하고 싶은 마음이 들기 마련이다.

온라인에서 우리를 가장 쉽게 화나게 하는 건 바로 악성댓글이다. 악성댓글은 보지 않으면 아무 일도 없지만, 보게 되면 왜곡되고 억울한 마음에 눈물이 나고 분해서 잠도 오지 않는다. 뒷담화는 '나에 대한 악성댓글을 사람들이 뒤에서 말로 하는 것'이라고 보면 된다.

이런 영향을 줄이는 방법이 하나 있다. 노래 하나를 떠올리는 것이다. 추천하고 싶은 노래는 장기하와 얼굴들의 〈그건 니 생각이고〉다. 뒷담화란 결국 자기 입장과 관점에서 남에 대해 말하는 것이다. 모두 '자기 생각'일 뿐이다. 그 생각을 고칠 수도 없고, 고칠 필요도 없다. 누구나 자기 마음대로 생각할 자유와 권리가 있기 때문이다. 고칠 수 없다면 내가 할 일은 오직 하나. 가수 양희은의 유행어 "그러라고 그래"라는 마음으로 받아들이면 된다. 그러면서 장기하와 얼굴들의 노래를 떠올려본다.

"알았어, 뭔 말인지 알겠지마는 그건 니 생각이고. 니 생각이고. 니 생각이고."

이런 식으로 남이 나를 뒷담화할 때 '그건 니 생각이고'라고 받아들이면, 내가 뒷담화할 때도 '이건 내 생각이고'라고 생각하게 된다. 뒷담화를 시작하면서도 '이건 내 생각인데'라는 말을 할 수 있게 된다. 그러면 듣는 사람도 훨씬 편안하게 받아들인다. 내가 말하는 것이 사실이 아니라 내 생각이라는 것을 전제했기 때문에, 맞다 아니다를 가릴 필요도 없고, 가볍게 들으면 되기 때문이다.

'내 생각으로 남을 내 멋대로 말하는 것'이 뒷담화다. 그러니 듣는 사람도 '그건 니 생각이구나' 하면 되고, 내가 나에 대한 뒷담화를 들었을 때도 '그건 그 사람 생각이지'라고 넘기면 된다. 거기에 맞춰 나를 다르게 생각할 필요도 없다.

그렇게 생각하면, 내가 뒷담화하는 그 사람도 내가 보는 면만 있는 것이 아니라 내가 모르는 면도 있을 거라는 생각이 든다. 내가 아는 게 전부는 아니라는 생각을 하게 된다. 그러면 됐다.

입장 차이에 대한
내 생각 적어보기

누군가에게 나에 대한 뒷담화를 들었을 때 드는 기분은?

'그건 니 생각이고'라고 생각한다면 어떤 마음이 들까?

남이 나를 보는 시선을 내가 바꿀 수 있을까?

10일

한 번 새기 시작하면
멈추기 어려운 게 장담이야.

넷째, 잡담하지 마라

제임스 앨런은 좋은 생각 습관 네 번째로 "잡담하지 말라"고 제안한다. 그에게 잡담은 삶의 소중한 에너지를 낭비하게 하는 좋지 못한 습관이다. 그래서 그는 기분 전환용 의미 없는 잡담보다는 조용하고 진지하게 대화하는 습관을 들이라고 조언한다.

앨런의 이런 시각은 우리 사회에서도 공감할 수 있지만 다르게 받아들여야 할 부분도 있다. 잡담이 오직 부정적인 기능만 한다면 인류 역사에서 이미 사라졌을 것이다. 그런데도 여전히 어느 사회에서도 사라지지 않은 이유는 잡담이 부정적인 기능뿐 아니라 긍정적인 기능도 하고 있기 때문이다.

여기서 우리가 주의 깊게 봐야 할 점은 앨런이 말하고자 하는 진짜 속뜻이다. 그는 잡담 자체를 부정하는 것이 아니다. 그보다는 잡담이 부정적으로 흐를 가능성을 경계하고 삼가라는 것이다.

예컨대, 잡담이 긍정적으로 작동하면 일상 속 지루함을 날려주는 스몰토크가 된다. 그러나 부정적으로 작동하면 잘 알지도 못하는 다른 사람에 대한 참견이나 간섭, 비난의 공모로 흐를 수 있다. 앨런이 경계하고 삼가야 한다고 한 것은 바로 이 후자다.

세상에 일어나는 모든 일처럼 사람이 하는 말도 큰 말과 작은 말이 균형을 이루어 공존한다. 매일 깊고 큰 이야기만 해야 한다면 말의 무게에 짓눌려 긴장된 삶을 살 수밖에 없다. 그렇다고 반대로 얕고 가벼운 이야기만 한다면 무의미함과 공허감에 시달릴 것이다. 가장 이상적인 것은 두 가지가 조화롭게 균형을 이루어 공존하는 상태다.

내가 하는 상담도 잡담에서 시작해 상담으로 나아간다. 가볍고 일상적인 이야기, 즉 잡담으로 마음을 가볍게 한 후에 조금씩 내면의 깊은 이야기로 들어간다.

이탈리아 레스토랑에서 메인 요리가 바로 나오면 부담스럽다. 수프나 샐러드 같은 전채요리가 먼저 나와야 부담도 없고 입맛도 돋운다. 잡담은 전채요리와 같다.

또한 대화에도 진정성 있게 깊은 이야기를 해야 할 때가 있고, 가볍게 얕은 이야기가 필요할 때도 있다. 잡담은 이 두 가지를 부드럽게 연결해 주는, 자동차의 윤활유 같은 역할을 한다. 사람과 사람 사이를 편안하게 이어주는 아름다운 수단이다.

그러므로 잡담에 대한 앨런의 조언은 잡담하지 말라는 말이 아니다. 잡담의 속성을 잘 이해하고 적절하게 사용할 줄 아는 현명한 자세가 필요하다는 말이다. 잡담뿐 아니라 세상의 어떤 것도 그 자체가 문제가 되기보다는 어떻게 쓰느냐에 따라 좋은 것이 되기도 하고 나쁜 것이 되기도 한다.

잡담에 대한
내 생각 적어보기

나와 함께 가장 많이 잡담하는 사람은?

내가 주로 잡담하는 내용은?

잡담하다가 문득 '이건 아닌데' 싶을 때는?

11일

소소한 일상이 큰 기쁨을 만들고
사소한 이야기가 큰 행복을 만든다.

잡담을 잘하려면
처음 보는 사람에게 스몰토크

'잡담'을 영어로 옮기면 스몰토크(Small Talk), 가벼운 주제의 부담 없는 이야기라는 뜻이다. 우리는 흔히 '잡담' 하면 쓸데없는 말, 하찮은 말을 떠올린다. 하지만 사소하고 대수롭지 않아 보이는 잡담이 사람과 사람 관계를 편안하게 만들어주기도 한다. 딱딱한 본론으로 들어가기 전에 대화의 분위기를 말랑말랑하게 풀어준다. 또 딱딱한 본론을 나누는 중에 주고받는 잡담은 한 박자 쉬는 기분이 들게 하여 다시 대화를 부드럽게 만들어주는 윤활유 역할도 한다.

살면서 잡담이 문제가 되는 경우는 두 가지다. 하나는 잡담을 하지 않아서 생기는 문제고, 다른 하나는 잡담을 너무 많이 해서 생기는 문제다. 이 중 잡담을 하지 않아서 생기는 문제는 모르는 사람과 같은 공간에 있을 때 잘 드러난다.

아침에 동네 공원을 산책하거나 등산하다가 모르는 사람과 마주칠 때, 그 어색한 분위기를 가볍게 없애주는 것이 잡담이다. 그저 웃으며 "안녕하세요?" 인사 한마디면 충분하다. 그러면 상대도 "네, 안녕하세요?" 하고 받아준다. 그런데 이 한마디를 너무 아낀다. 눈에 보이기는 하는데, 잡담을 건네는 건 어색하다 보니 주로 먼 산을 바라본다. 마치 못 본 것처럼 다른 사람의 시선을 외면한다.

아파트 엘리베이터 안도 사정은 마찬가지다. 가볍게 눈인사로 잡담을 대신해도 좋으련만 모두 허공만 바라본다. 함께 같은 공간에 사는 이웃끼리도, 마치 잡담 금지 규칙이 있는 것처럼 좀처럼 말을 섞지 않는다. 그 결과, 우리는 처음 보는 사람, 모르는 사람을 만나면 마음이 편하지 않다. 나도 잡담을 하지 않지만 그도 잡담을 하지 않을 걸 알기 때문에 긴장한다.

어쩌다 외국 여행을 가보면 다르다. 아침 산책 중 한 번도 본 적 없는 사람이 활짝 웃으며 "Hi!"라거나 "Good Morning?" 하며 인사를 건넬 땐 당황스럽고 어색하다. 그래도 그런 잡담을 들으면 기분이 좋아지고 그 사람에 대해 편안한 마음이 생기며 없던 호감까지 생긴다. 사는 게 팍팍하다고 우리가 느끼는 이유는 모르는 사람에게 잡담을 금기시하는 문화 때문이다. 정작 잡담이 필요한 사이에 잡담을 하지 않으면 긴장과 불편함 속에서 낯선 상황을 더 낯설게 느끼게 된다.

잡담의 문제를 줄이는 좋은 생활 습관 중 하나는 낯설고 처음 보는 사람에게 스몰토크, 즉 가벼운 말을 건네는 연습이다. 나는 아파트에 살면서 관리실 아저씨들과 자주 잡담을 나누는 것만으로도 아파트 생활이 더 즐거워졌다. 이웃이 먼저 잡담을 건네지 않아도 괜찮다. 낯선 사람이 나에게 말을 걸지 않아도 괜찮다. 내가 먼저 이웃과 낯선 사람에게 잡담을 건네는 새로운 말 습관은 나를 더 편안하고 즐겁게 살게 하는 좋은 약이 되고 있다.

스몰토크에 대한
내 생각 적어보기

스몰토크를 한 번 해보고 싶은 사람은?

스몰토크를 한다면 어떤 이야기를 건네고 싶은가?

처음 보는 사람에게 스몰토크하면 어떤 반응이 돌아올까?

12일

난 너의 고기가 아니야.
그렇게 날 자르고 찌르지 말아줘.

잡담을 잘하려면
남 흠잡기가 시작될 때는 멈출 타이밍

 잡담으로 문제가 되는 또 다른 경우는 잡담을 남발할 때다. 모르는 사람에게 전혀 하지 않던 잡담이 '우리끼리' 사이가 되면 과할 정도로 쏟아진다. 한때 회자되었던 정치인의 말, "우리가 남이가?"처럼, 나와 당신이 '우리'가 되는 순간 잡담은 폭발적으로 늘어난다. 우리는 대개 잘 아는 안 집단에게는 과한 잡담을, 잘 모르는 바깥 집단에게는 잡담 부재인 양극적인 성향을 갖고 있다.

 문제는, 과한 잡담은 분위기를 가볍게 만드는 경계를 넘어 굳이 하지 않아도 될 이야기까지 끌어들이는 힘을 가진다는 것이다. 처음엔 그저 날씨 이야기로 시작했는데 어느 순간 "어느 집에서 무엇을 했다", "누가 사실은 이랬다더라"라는 소문과 뒷이야기를 거쳐 주위에서 들은 크고 작은 카더라 통신이 줄줄이 등장한다. 그 속엔 상대에게 상처를 줄 수 있는 화제들이 여과 없이 도마 위에 오른다. 잡담이 길어지면 길어질수록 확인되지 않은 이야기, 좋지 않은 소문이 퍼지는 도구로 쓰일 수 있다.

 더 큰 문제는, 좋은 이야기는 잡담에서 환영받지 못한다는 것이다. 훈훈한 미덕은 잡담과 궁합이 가장 안 맞는 불청객이다. 흠을 잡고 탈을 잡는 '충·조·평·판', 즉 충고하거나 조언하고 평가

하고 판단하는 일이 나타난다. 재미로 시작한 이야기가 남에 대해 참견하고 간섭하는 수준으로 변질되는 건 순식간이다.

또 이렇게 너무 길고 많은 잡담을 하다 보면 끝나고 나서 허전하고 공허해진다. 남에 대해 좋지 않게 이야기하면 속이 후련한 듯하지만 도리어 허전해진다. 이런저런 이야기를 나누긴 많이 나누었는데 시원한 느낌이 들지 않고 지친다. 그건 바로 잡담 과잉 상태기 때문이다.

영화 〈친구〉의 마지막 장면에서 장동건의 명대사가 나온다.
"고마 해라. 마이 무따 아이가."

아는 사람과 잡담이 계속 이어질 때는 이 대사를 한번 떠올려봐도 좋을 것 같다. 그러면서 나는 지금 무엇을 위해 이 잡담을 하고 있는가를 짚어보자. 만약 단지 감정 해소를 위한, '잡담을 위한 잡담'이라면 다음을 위해 이야깃거리를 아껴 둘 필요가 있다.

잡담을 줄여야 할 타이밍 잡기가 중요하다. 그 타이밍은 언제일까? 이야기에서 즐거움이 스러지고 왠지 싸한 느낌이 들기 시작할 때다. 즐거운 기분에서 조금 불편한 기운이 올라오기 시작하는 순간, '아, 오늘은 이 정도에서 이야기를 아껴야겠다'고 생각하면 된다. '이왕 시작한 말이니 끝까지 다 하자'고 마음먹지 말고 '이 정도에서 아끼자'라고 생각해 보자. 그 생각 하나로 내 마음이 훨씬 더 편해질 수 있다.

과한 잡담에 대한
내 생각 적어보기

나는 잡담 끝에 남 흉보는 이야기를 얼마나 자주 하는가?

내가 자주 흉보게 되는 사람은?

다른 사람 흉을 보고 나면 어떤 마음이 드는가?

13일

왜 내가 틀린 말 했어?
맞는 말 말고 좋은 말 듣고 싶어.

다섯째, 상처 주는 말을 하지 마라

제임스 앨런은 좋은 생각 습관 다섯 번째로 "상처 주는 말을 멈추라"고 제안한다. 동서양을 막론하고 품격 있는 인간이 되기 위한 필수품은 말을 예쁘게 하는 능력이다. 태어날 때부터 말을 예쁘게 하는 사람은 없다. 말은 세상으로부터 배우고, 그 배운 것을 내가 소화하고 익혀 표현하는 것이다. 따라서 내가 무엇을 배웠고 어떻게 소화하여 내 것으로 익혔는가에 따라 내가 하는 말의 격이 달라진다. 그리고 그 말의 격이 곧 나의 격이 된다.

예쁘게 말하는 방법을 배우고 습관을 들이기 전에 해야 하는 일은 밉게 말하는 습관을 버리는 것이다. 그 가운데 가장 먼저 버려야 할 것이 바로 상대에게 상처를 주는 말이다.

모처럼 큰마음 먹고 연예인들이 다닌다는 청담동 미용실에서 머리를 하고 온 아내에게 남편이 말했다.

"머리 모양이 그게 뭐야? 쥐가 뜯어 먹다 만 것처럼. 그 돈 주고 제정신이야?"

남편은 그저 솔직하게 말했을 뿐이라고 생각하지만, 아내에게는 지금 지울 수 없는 상처가 각인되는 중이다. 이런 상황에서 "어떻게 말을 그렇게 할 수 있느냐?"고 하면 돌아오는 소리는 늘 같다.

"왜, 내가 틀린 말 했어?"

이런 말버릇을 가진 사람들은 언제 어디서나 쉽게 남을 상처 주는 말을 하곤 한다. 자기 말이 상대 마음에 얼마나 깊은 상처를 남기는지 모르는 경우도 많다. 그들은 항변한다.

"솔직하게 있는 그대로 말했을 뿐이야. 나는 내 말에 네가 그렇게 상처받을 줄은 꿈에도 몰랐어."

알고 상처 주는 말을 하는 게 아니라는 뜻이다. 알고 상처를 주는 사람보다 자기도 모르게 상처를 주는 사람이 훨씬 많다. 그 이유는, 어떤 말이 어떻게 상대에게 상처가 되는지 제대로 배운 적도 없고, 자기 말을 돌아보거나 점검해 볼 기회조차 없었기 때문이다.

앨런은 이유가 무엇이든 내 말이 남에게 상처를 준다면 그 말은 아까워하지 말고 과감하게 버리고, 대신 상처 주지 않는 예쁜 말을 하는 새로운 습관을 들여야 내 삶의 격이 높아지고, 내 일상이 아름다워진다고 이야기한다.

우리 사회는 앨런의 이 이야기가 특히 잘 들어맞는 곳이다. 부모에게, 선생님에게, 친구에게, 회사 동료에게, 이웃에게 우리는 하루에도 몇 번씩 말로 상처를 받는다. 그러면서 나도 누군가에게 잊히지 않을 말로 상처를 주곤 한다.

상처 주는 말을 하는 습관을 바꾸려면 무엇을 해야 할 것인가는 우리가 평생 고민해야 할 우리의 숙제다.

상처 주는 말에 대한
내 생각 적어보기

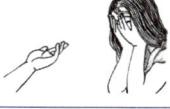

가까운 사람에게 들은 말 중 가장 상처받은 말은?

그 말을 들었을 때 내 마음은?

가까운 사람에게 상처 주는 말을 한 적이 있는가?

14일

나물 키우는 맘으로 남 마음 보낸
말이여. 절대 상처를 안 주는겨.

상처 주는 말을 하지 않으려면
내 기분만 생각하지 않기

내 기분만 생각하는 사람은 상대에게 어떤 모진 말도 서슴없이 할 수 있다. 그리고 그 말이 세면 셀수록 말한 사람 속은 더 후련해진다. "할 말 다 했더니 속이 다 시원하네"란 말은 상대에게 더 할 나위 없이 큰 상처 주는 말을 실컷 퍼부었다는 뜻이다. 내 기분이 상해 상대에게 할 말 다 쏟아내고 속이 후련했다면, 상처 주는 말을 했을 가능성이 크다.

옛날 시집온 며느리가 처음으로 부엌 가마솥에 밥을 짓게 되었다. 처음 해보는 일이어서 긴장했는지, 결국 밥을 태워버리고 말았다. 밥 타는 냄새에 부엌으로 나온 시어머니는 며느리를 보고 버럭 화를 냈다.

"넌 도대체 뭘 배운 게냐? 밥 하나 제대로 못 해서 다 태워!"

며느리가 훌쩍이기 시작했다. 며느리 우는 소리에 시아버지가 부엌으로 나왔다. 사정을 들은 시아버지는 시어머니를 나무랐다.

"처음 밥을 하면 제대로 되는지 시어미가 봐줘야지, 뭘 했어?"

시어머니는 내가 뭘 잘못했느냐고 고함치며 시아버지와 싸우기 시작했다.

그때 산에서 나무를 해 짊어지고 온 남편이 이 꼴을 보고 사정

없이 아내 뺨을 때리면서 말했다.

"밥도 못 하는 여자하고는 같이 살 필요 없어. 당장 친정으로 돌아가!"

옆집에도 비슷한 날에 시집온 며느리가 똑같이 처음 하는 가마솥 밥을 태웠다. 훌쩍이고 있자, 시어머니가 부엌으로 들어와 이유를 물었다.

"제가 밥을 태웠어요. 제 잘못이에요."

그러자 시어머니가 손사래를 치며 말했다.

"아니다. 내가 아까 네가 쌀을 안칠 때 물 양을 너무 적게 잡았다. 내 잘못이니 너는 울지 마라."

두 사람 소리에 시아버지가 부엌으로 나와 사정을 듣고 말했다.

"두 사람 모두 잘못이 없다. 내가 나이가 들어 아궁이에 너무 굵은 장작을 넣어 화력이 세서 그리된 것이다."

그때 산에서 나무를 해온 아들이 말했다.

"모두 잘못한 게 없습니다. 제가 요즘 요령을 피워 생나무를 자르지 않고 겨울에 바짝 마른 장작만 해왔더니 불이 너무 잘 붙어 그리된 것입니다."

이 가족은 얼른 밥을 다시 지어 맛있게 먹었고, 아내를 다독이며 신혼부부는 행복하게 잠들었다.

말하는 내 마음이 중요한 만큼 듣는 상대의 마음도 중요하다. 이 사실만 기억해도 상처 주는 말을 절반 이상 줄일 수 있다.

상대 입장 헤아리기에 대한
내 생각 적어보기

가까운 사람 중 자기 기분만 생각하고 말하는 사람은?

그 이야기를 들었을 때 내 마음은?

최근 내가 상대의 입장을 생각하고 말한 적은?

15일

상대를 불쌍하게 여기지 않는 마음,
그게 악마의 마음이야.

상처 주는 말을 하지 않으려면
상대를 불쌍하게 여기기

한 영화감독의 이야기에 공감한 적이 있다. 영화를 만들 때 중요한 일 중 하나가 배역에 꼭 맞는 사람을 고르는 것이다. 그 감독은 오랜 세월 수많은 배우를 캐스팅하다 보니 이 역할에는 어떤 배우가 좋을지 일가견이 생겼다고 했다. 선한 역할과 악한 역할이 대표적인 배역인데, 두 배역 가운데 고르기 어려운 것이 선한 역할을 하는 배역이었다. 선한 역할을 하려면 공감 능력이 뛰어나야 하기 때문이다.

의외로 악역 배우를 고르는 건 쉽다고 했다. 우리가 흔히 생각하듯 인상이 차갑고 더러운 사람이 필요하지도 않다. 너무 선해 보이는 사람이 악한 연기를 하면 사람들은 오히려 더 큰 소름을 느끼기 때문이다. 악역은 인상이 아니라 내면의 상태를 어떻게 잘 조정하느냐에 달려 있다고 했다.

그래서 그는 누구를 악역으로 캐스팅하든, 악역 배우로 만드는 비결이 있다고 했다. 그것 하나만 기억하면 어떤 악역이든 서슴지 않고 해낼 수 있다는 거다. 바로, 상대 배우를 불쌍하게 여기지 않는 것. 그 마음만 지킨다면 눈빛 연기에서부터 말과 행동에 이르기까지 상상을 초월하는 잔인한 악당 연기를 할 수 있다는 게 그 영화감독의 설명이었다. 어떤 못된 말도, 어떤 못된 행동도 아무 거리낌 없이 할 수 있는 힘은 상대를 불쌍히 여기지 않는 마음에서 나온다는 거다.

돌이켜 생각해 보니 과연 그 말이 맞았다. 상처 주는 말을 했던 순간마다 나는 상대를 불쌍하게 여긴 적이 없었다. 역으로 말하면 상대를 불쌍하게 여기지 않았기 때문에 아무렇지도 않게 상처 주는 말을 할 수 있었던 것이다.

사람의 몸으로 태어난 존재치고 불쌍하지 않은 존재는 없다. 모두가 살기 위해 아등바등 발버둥 치고, 사랑에 목말라 온갖 말과 행동을 한다. 아내는 아직 미숙한 남자를 믿으며 자신을 내려놓고 평생을 함께하기로 결심한 사람이고, 남편은 무거운 짐을 지고 가족을 위해 살려고 몸부림치는 사람이다. 모두가 살려고 애쓰고, 더 잘 살려고 더 애쓰는 가련하고 불쌍한 존재다.

상대를 가엾고 불쌍하게 생각하는 순간, 우리는 상처 주는 말 대신 위로의 말을 하게 되고, 차가운 말 대신 따뜻한 말을 하게 된다. 상처 주지 않고 예쁘게 말하는 비결은 특별한 대화 기술에 있지 않다. 그것은 바로 상대를 바라보는 나의 시선에 있다.

내 마음이 상대를 불쌍하게 여기는 순간, 나의 상처 주는 말도 서서히 예쁜 말로 바뀔 수 있다.

연민에 대한
내 생각 적어보기

나에게 잘못했지만 돌이켜보니 안쓰럽게 느껴지는 사람은?

그 사람을 지금 만난다면 어떤 말을 건네고 싶은가?

내 처지를 불쌍하게 보지 않고 마음 아프게 말했던 사람은?

16일

무례함으로 인해 다친 상처는 석 달
가지만 무례한 말로 입은 상처는
삼십 년 간다.

여섯째, 무례한 말을 하지 마라

제임스 앨런은 좋은 생각 습관 열 가지 중 여섯 번째로 "지금 이 자리에 없는 사람에 대해 무례하게 말하는 습관을 바꿔라"고 제안한다. 지금 이 자리에 없으니 내가 뭐라 말해도 모를 거로 생각하고 무례한 말을 쉽게 하는 사람들이 있다. 하지만 그 말을 듣는 사람들은 겉으로는 호응하는 척할지 몰라도 속으로는 그런 사람을 존중하지 않는다는 것이다.

그런 사람은 내가 없는 자리에서도 충분히 나를 욕하거나 무례하게 말할 수 있다는 것을 알기에, 다른 사람 욕하는 이야기를 들으면 마음이 편할 수 없다. 그래서 앨런은 말한다. 자리에 없는 사람에 대해 이야기할 때는, 마치 그 사람이 지금 바로 옆에 앉아 있는 것처럼 생각하며 예의를 갖춰 말하는 것이 올바른 말 습관이라고.

결국 무례한 태도와 말은 그 사람을 깎아내리는 것이 아니라, 말하는 자기 자신을 깎아내리고 가치를 떨어뜨린다. 따라서 상대가 있든 없든 언제나 예의를 지키는 것이 말하는 자신의 가치를 높이고, 품격 있는 사람으로 살아가는 길이다.

특히 앨런은 사회적 지위가 높은 사람일수록 이 습관에 더욱

각별히 노력해야 한다고 강조한다. 그의 말이 일리가 있는 것은, 사회적 지위가 높고 권력을 쥔 사람일수록 마음대로 말하고 기분대로 행동하고 싶은 충동과 끊임없이 싸우지 않으면, 곁에서 쓴소리를 해줄 사람이 없기 때문이다. 결국 아랫사람은 그런 윗사람을 마음속으로 경멸하고 뒤에서 욕하게 된다.

정치인들이 자주 가는 식당에서, 칸막이 너머에 자신의 정적(政敵)이 있는 줄도 모르고 '이 자식이니 저 자식이니' 욕하다가 정적이 바로 옆방에서 되받아치는 소리에 당혹스러워했다는 뉴스 보도도 가끔 들려온다. 이런 상황이야말로 앨런이 경고하는 '자리에 없다고 남을 함부로 무례하게 말하다가 낭패를 보는' 대표적인 경우다.

내가 작은 암자에서 살 때 자주 오시던 노스님 한 분이 계셨다. 오실 때마다 깊은 울림을 주는 가르침 하나씩을 건네곤 하셨다. 그러던 어느 날, 대뜸 내게 물으셨다.

"거사님은 남 안 좋은 소리를 한 적 있어요?"

"예, 스님. 솔직히 말하면 아주 많습니다."

"평생 남 없는 데서 그 사람 안 좋은 말을 하지 않으면 좋아요."

간단한 말씀이었지만 묘하게 지금까지도 귓전에 맴돌곤 한다. 지금보다 더 나은 사람이 되기를 원한다면, 자리에 없는 사람을 욕하거나 무시하고 함부로 말하는 무례한 말 습관을 고쳐야 한다. 이 습관만 하나만 고쳐도 주위 사람들의 시선이 달라지고, 진심으로 나를 따르는 사람도 점점 늘어날 것이다.

무례한 말에 대한
내 생각 적어보기

앞에선 좋게, 뒤에선 안 좋게 말하는 사람을 본 적이 있는가?

그 사람은 내 뒤에서 나에 대해 안 좋게 말할 것 같은가?

누가 있든 없든 늘 똑같이 말하는 사람을 본 적이 있는가?

17일

좋은 말도 나쁜 말도
돌고 돌아 나에게로 온다.

무례한 말을 하지 않으려면
믿을 사람 없다

하늘을 향해 침을 뱉으면 결국 그 침은 내 얼굴로 떨어진다. 내가 다른 사람에게 하는 말도 마찬가지다. 돌고 돌아, 나에게 되돌아온다.

세상에 믿을 수 없는 게 두 가지 있다. 날씨와 사람 마음이다. 둘은 마치 이란성 쌍둥이처럼 닮았다. 변화무쌍하며 돌변한다. 또한 내가 조절하거나 통제할 수 없다.

지금 나에게 웃으며 평생 잘할 것 같은 사람도 조금만 서운한 일이 생기고 미운 마음이 들면 언제 그랬냐는 듯 등을 돌린다. 그게 보통 사람의 마음이다. 남에게 받은 은혜는 물에 새기고, 상처는 바위에 새긴다.

지금 사이가 좋다고 해서 그를 믿고 내 마음속 모든 이야기를 다 꺼내놓으면 반드시 후회할 날이 온다. 나와 그의 사이가 영원히 좋을 거라고 보장해 줄 사람은 아무도 없다. 이해관계 하나만 바뀌어도 지금의 친구가 적이 되는 건 순식간이다.

내가 교수로 재직한 지 몇 년 되었을 때의 일이다. 나에게 상담을 배우겠다고 찾아온 제자가 있었고, 몇 년간 더없이 잘 지냈다. 그런데 내가 제자를 믿고, 한 학생에 대해 몇 가지 아쉬운 점을 말한 게 화근이 되었다. 며칠 뒤 그 학생이 얼굴이 새파랗게 질려서 연구실에 들어와 말했다.

"교수님, 저에 대해서 이런 이야기 하신 적 있으세요?"

나는 꿀 먹은 벙어리처럼 아무 말도 하지 못했다. '어떻게 알았지? 설마 그 아이가.' 설마가 사람 잡는다고 두 사람은 내가 모르는 사이에 자주 만나며 마음을 나누는 사이가 되었다. 그런 줄도 모르고 안 좋은 소리를 했으니 그 학생 귀에 들어가지 않을 리 없었다.

"저, 그 이야기 듣고 한숨도 못 잤어요. 교수님이 어떻게 저에게 이러실 수 있어요. 정말 교수님 실망이에요. 다시는 교수님 뵙고 싶지 않아요."

그러고는 쾅 연구실 문을 닫고 나가버렸다. 나는 변명할 틈도 없이 멍하니 문만 바라보았다. 그 일로 나는 제자 두 명을 잃었다. 내 말을 전한 제자도 그 뒤 연구실에 발길을 끊었다.

그 일은 쓰라렸지만, 덕분에 나는 중요한 것을 배웠다. 좋은 이야기는 누구에게나 해도 괜찮다. 하지만 좋지 않은 말은, 지금 아무리 사이가 좋은 사람이라 해도 하면 안 된다. 언제 그 사람과 사이가 벌어질지 알 수 없기 때문이다.

그 후 알게 되었다. 이런 일을 겪은 사람이 나뿐만이 아니라는 것을. 수많은 사람이 비슷한 경험을 하고 있었다. 슬픈 일이지만 믿을 사람은 없다. 지금 이 좋은 관계도 늘 불안정하다는 것을 인정해야 한다.

신뢰에 대한
내 생각 적어보기

믿고 말했는데 내 말을 전해 낭패를 보게 한 사람이 있는가?

그때 내 마음은?

믿고 무슨 얘기를 해도 말이 새어나가지 않는 사람이 있는가?

18일

맛난 것 먹으라고 입이지
남 욕하라고 있는 게 입이 아니다.

무례한 말을 하지 않으려면
입으로 죄짓지 않기

　산속 암자에 머물던 몇 해 동안, 앞에서 이야기했던 그 스님께 또 한 가지 기억에 남는 말씀을 들은 적이 있다. 그 스님은 언제나 짧은 말로 긴 울림을 남기곤 했는데, 그 가운데 기억나는 말은 "공업(共業)을 짓지 말라"는 것이다. 공업이란, 입으로 짓는 죄를 뜻하는 구업(口業)에 공중(公衆), 공공(公共)을 합한 말로 '잘 알지 못하는 집단을 대상으로 짓는 죄'를 의미한다.

　요즘은 드물지만, 예전에는 택시를 타면 정치인을 욕하는 기사님이 가끔 계셨다.

　"정치하는 놈들은 다 썩었어요. 다 없애야 해요."

　정치인 가운데는 나쁜 사람도 있지만, 국민을 위해 열심히 일하는 좋은 사람도 있다. 그런데도 "모두 썩었다, 다 없애야 한다"고 말하는 건 말로 죄를 짓는 일이라고 스님은 말씀하셨다. 그것을 '공업을 짓는다'고 했다. 거기 속한 사람을 다 알지도 못하면서 정치인은 다 이렇다거나, 교수는 다 저렇다거나 싸잡아 비난하고 욕하는 것은 훗날 자신이 받을 벌을 자초하는 일이라는 것이다.

　스님은 "공업을 짓지 말고, 행여 공업을 지었거든 정화하는 주문을 세 번 되뇌어야 한다"라고 말했다. 그 주문은 "수리수리 마하수리, 수수리 사바하"이다. 마치 마술 주문처럼 들리는 이 말이 입으로 지은 업을 정화하는 주문이라고 했다.

그 말을 들은 뒤로, 가끔 나도 누군가를 없는 데서 욕하거나 어떤 집단을 싸잡아 비난하고 나면, 혼잣말로 이 주문을 중얼거리며 내가 나도 모르게 지은 공업을 정화하려 애썼다.

"수리수리 마하수리, 수수리 사바하."

덕분에 어떤 특정 집단에 대해 욕하거나 무례하게 말하는 일이 눈에 띄게 줄어들었다.

스님의 이야기를 듣고, 나는 사람들이 지금 내 앞에 없는 사람을 욕하는 이유가 어쩌면 그 사람을 일부만 알고 있기 때문일지도 모른다는 생각이 들었다. 우리는 억울한 말을 듣고 상처받는 일을 일상에서 수도 없이 겪는다. 그리고 나 역시, 가까운 사람에게도, 먼 사람에게도 제대로 알지 못한 채 무례하게 말하거나 다그친 적이 있었음을 돌아보게 되었다.

보지 않은 일, 겪어 보지 않은 사람, 제대로 알지 못하는 사람에 대해서는 입으로 죄를 짓지 않겠다고 결심하는 순간, 없는 사람을 욕하거나 무례하게 말하는 일은 절반 이하로 줄어든다.

잘 알아도 조심해서 말해야 하는데, 잘 알지도 못하면서 함부로 말하는 것은, 입으로 짓는 죄, 구업을 짓는 일이다. 그것이 특정 집단을 향한다면, 공업을 짓는 것이다. 있을 때 잘해가 아니라 없을 때 잘해야 한다.

입으로 짓는 죄에 대한
내 생각 적어보기

나도 모르게 욕하곤 하는 특정 집단이 있는가?

그 집단에 대해 나는 얼마나 잘 알고 있는가?

없는 사람에 대해 무례하게 말하는 걸 들을 때 내 마음은?

19일

우리 둘 지레를 얹어 하나로 모으면
너를 내리면 나도 내려가고,
너를 올리면 나도 올라가리라는 것이다.

일곱째, 흠집 내는 말을 하지 마라

  제임스 앨런은 좋은 생각 습관 일곱 번째로, 굳이 들추어내지 않아도 될 타인의 결점을 찾아내거나 없는 말을 지어내어 흠집 내는 말 습관을 고치라고 제안한다.

  사람의 본성 가운데 하나는 '내가 제일 잘난 사람이고 싶다'는 마음이다. 그러다 보니 나보다 나은 사람의 존재를 받아들이기 어려워한다. 누군가가 뛰어난 성과를 내거나 높은 지위에 오르면 우리는 종종 '운이 좋았던 거지', '재능이 타고났잖아'라고 생각한다. 그렇지 않으면 내 처지가 너무 초라하고 비참해지기 때문이다. 사람은 나 잘난 맛에 살지 남 잘난 맛에 살지 않는다.

  누군가를 헐뜯는 '흠집 내는 말'의 뿌리는 대개 나보다 잘난 사람을 인정하고 싶지 않은 본능에 있다. 남들이 뛰어나고 훌륭하다고 말하는 사람의 허물이나 잘못을 굳이 찾아내 흠집을 내면, 그 사람이 내려오고 그만큼 내가 올라간다고 생각한다. 물론 이런 생각은 의식적으로 드러나진 않는다. 속에서 자기도 모르게, 은근히 올라오는 생각이다.

  그런데 내가 흠집 내는 이야기를 하면 주변의 다른 사람이 호응하는 이유는 무엇일까? 그들도 내심 이런 흠집을 듣고 싶었기 때문이다. 자기 손으로 찾아낸 건 아니지만, 자존심을 높이는 잘난 사람의 흠집을 내가 드러냈기에 기쁜 것이다. 서로 공모하는 심정으로 그 흠집에 공감하고 즐거워한다.

반대로, 정말 잘난 사람은 다른 사람을 쉽게 깎아내리지 않는다. 자신이 충분히 잘났기 때문에 굳이 누군가를 끌어내려 자기를 높일 필요가 없기 때문이다. 오히려 누가 조금만 잘해도 칭찬해 준다. 나는 강의를 오래 해왔는데, 강의 잘한다고 칭찬한 사람들을 가만 돌아보면 거의 예외 없이 나보다 훨씬 잘하는 사람들이었다.

앨런은 누군가 잘났으면 잘났다고 인정해야 한다고 생각했다. 내가 그보다 못났으면 못난 걸 인정하고, 대신 그와는 다른 나만의 잘난 점을 찾아서 발전시키면 된다. 그것이 정신이 건강하고 삶이 바른 사람이 타인을 바라보는 자세다. 그런 자세를 가지려면, 먼저 모든 사람의 능력은 서로 다르다는 사실을 인정해야 한다. 사람은 살아있는 존재로서 존엄성은 누구나 동등하지만, 가진 능력은 모두 다르다. 이 차이를 인정할 때, 우리는 더 담담하게 잘난 사람을 인정하고 못난 사람도 받아들일 수 있게 된다. 누구도 일부러 낮은 능력을 가지려 한 것은 아니기 때문이다.

존엄성은 동등하지만, 능력에는 차등이 있다. 그래서 그가 이루는 것도 당연히 다르다. 이 사실을 받아들이면, 잘난 사람의 흠집 잡고 싶은 마음도 자연스럽게 줄어들 것이다.

흠집 내는 말에 대한
내 생각 적어보기

내가 흠집 잡는 사람이 있다면 누구인가?

누군가가 내 흠집을 잡는다면 무슨 흠집을 잡을 것 같은가?

내 일과 관련해 기꺼이 내 능력을 인정해 준 사람은?

20일

오물을 담으면 쓰레기통이 되고
보물을 담으면 보물함이 된다.

흠집 내는 말을 하지 않으려면
빈자리 말고 찬 자리 보기

퍼즐 맞추기를 할 때 눈이 가장 먼저 가는 곳은 맞는 조각을 찾지 못해 비어있는 자리다. 이미 차있는 자리에는 눈이 덜 간다. 사람도 그렇다. 신기하게 비어있는 자리가 유난히 크게 보인다. 예를 들어, 아이 성적표를 받을 때, 다른 과목은 다 좋은데 수학만 낮다면 수학 점수가 나머지 과목 점수를 합한 것보다 크게 보인다. 부모가 수학 점수가 왜 이 모양이냐고 야단치면 아이는 억울하고 속상하다. 왜 잘한 과목 이야기는 하지 않고 못한 과목 이야기만 하냐고 볼멘소리하게 된다.

사람이 이처럼 빈자리를 크게 보는 건 생존과 관련되어 있다. 아무리 좋은 환경 속에서도 한순간 방심해 독사에게 물리면 생명을 잃는다. 그래서 인류는 오랫동안 좋은 환경 조건보다는 위험할 수 있는 나쁜 환경 조건에 민감하도록 진화해 왔다. 그래야 살아날 가능성이 조금이라도 커지기 때문이다. 흠집 내는 말 습관은 이러한 인간의 오랜 진화 과정의 산물이다.

'그를 완전히 믿었다가 당할 수 있다. 그러므로 그의 허물까지 보고 조심해야 한다.' 이런 심리가 흠집 내기로 나타난다. 따라서 흠집 내는 말 습관을 줄이려면 진화 과정의 반대로 상대를 바라보는 습관을 들여야 한다. 빈자리보다는 찬 자리를 먼저 보려는 마음을 내는 것이 그런 습관을 들이는 방법이다.

나는 상담실에서 보내는 시간이 많다. 내 상담실에는 마음에 상처를 입은, 온갖 사람이 찾아온다. 그럴 때마다 나는 그의 빈자리보다 찬 자리를 보려고 노력한다. 어떤 사람은 머리가 좋고, 어떤 사람은 마음이 넓다. 또 어떤 사람은 싹싹하고, 어떤 사람은 따뜻하다. 그렇게 그 사람의 찬 자리를 보노라면 흠잡을 데가 별로 없다.

이 원칙은 아들을 키울 때도 그대로 적용했다. 사람은 보는 대로 보인다. 어떻게 내 아이가 결점이 없고 흠이 없을까. 하지만 찬 자리를 보려고 애쓰며 키우자 어느 순간 내 입에서 "우리 아들은 똥도 버리기 아까워" 하는 소리가 툭 튀어나왔다. 그런 아빠의 이야기를 들은 아들은 아빠의 시선에 보답이라도 하는 듯 스스로 자기 안의 찬 자리를 보며 건강하게 자랐다.

빈자리만 보고 아이를 키우면 그 아이는 결점 많은 문제투성이 아이로 자라게 된다. 반대로 찬 자리를 보고 키우면 잘하는 게 많고 강점이 많은 아이로 자라게 된다.

흠집 내는 말을 하지 말아야지, 결심한다고 해도 잘되지 않는다. 그보다는 지금 흠잡고 싶은 사람의 찬 자리를 보려고 노력하자. 그러면 빈자리에 눈이 가지 않게 되고 자연스럽게 흠집도 덜 내거나 안 내게 된다.

찬 자리에 대한
내 생각 적어보기

사람을 볼 때 빈자리와 찬 자리 중 내가 먼저 보는 곳은?

가족 중 내 빈자리를 주로 보는 사람은?

가족 중 내 찬 자리를 주로 봐주는 사람은?

21일

들의 꽃이 가르쳐줬어요.
산의 나무가 가르쳐줬어요.
나처럼 사는 건 나밖에 없다고.
- 홍순관 -

흠집 내는 말을 하지 않으려면
내 삶에 더 마음 쓰기

캐나다로 이민 간 지 10년 된 분이 잠깐 한국에 들어왔다가 나의 상담실을 찾았다. 온 가족이 캐나다에 산다는 그분에게 물었다.

"캐나다에 사니까 한국보다 좋으세요?"

"네, 더 좋아요."

"뭐가 제일 좋으세요?"

"캐나다 사람들은 다른 사람에게 신경을 안 써요. 그래서 나만 잘하면 돼요."

자신에게 집중하는 사람은 남에게 자기 자랑을 하지도 않지만 자신의 단점도 떠벌리지 않는다. 반대로 남에게 어떻게 보일까를 평생 의식하는 우리 문화에서는 행여 흠잡힐까 봐 전전긍긍한다.

캐나다 사람들처럼 남의 삶에 관심이 없다면 어떻게 될까. 그가 어떤 생각을 하든 어떤 삶을 살든 별다른 흥미를 느끼지 않는다. 대신 내 삶에 관심과 흥미를 가지게 된다. 그러면 흠집 내는 말 습관은 자연스럽게 사라진다. 나에게 마음 쓰기도 쉽지 않은데 어떻게 남에게 마음을 쓴단 말인가.

불가에서는 여름과 겨울, 각각 석 달씩 수행승들이 선방(禪房, 참선하는 방)에 들어가 '안거(安居)'를 한다. 이 기간엔 세상과 단절한 채 자신의 마음을 바라보며 수행에 정진한다. 안거가 끝난 뒤에는 방학처럼 석 달 동안 만행(萬行)을 떠난다. 홀가분한 마음으로 도반을 찾아 떠나거나 세간을 구경하며 막혔던 마음을 푸는 기간이다.

몇 년 동안 암자에서 지낼 때 만행을 떠난 스님들이 찾아와 머물렀다. 차를 마시며 이야기를 나눌 기회도 많았다. 그런데 그 스님들은 이런저런 남 흠잡는 말은 하지 않았다. 오히려 내가 흠집 잡는 이야기를 꺼내면 가만히 듣다가 말한다.

"그분도 다 사정이 있으시겠지요."

그 한마디에 내 이야기는 슬며시 맥이 빠지곤 했다.

어쩌다 하는 이야기는 안거 동안 깨달은 자신에 대해서 또는 진리에 관한 내용이었다. 스님들은 자기 삶에 마음을 쓰다 보니 남의 사정이나 이야기에 관심을 둘 필요도, 이유도 없어 보였다. 남의 흠집을 잡는 스님이 드물다는 것은 스님들이 자기 삶과 앎에 마음을 쓰며 살아간다는 이야기다.

나는 스님들과 몇 년 이야기를 나누고 난 후 깨달았다. 특별히 내 삶에 영향을 주는 사람이 아니라면 굳이 남의 결점에 마음 쓸 필요는 없다는 것. 내가 잘 알지도 못하는 유명한 사람이나 주변 사람에게 마음을 쓰는 대신 나와 내 삶에 더 마음을 쓰며 살아야 한다는 것을.

내가 온전히 내 삶에 집중하고, 내 걸음, 내 마음, 내 하루에 더 정성 들여 산다면 남의 흠을 들춰낼 시간조차 없다.

자기돌봄에 대한
내 생각 적어보기

내가 나에게 가장 마음을 써서 잘해주었던 때는?

내가 아는 사람 중에 자기 인생만 돌보는 사람은?

내가 나를 돌보는 삶은 어떤 삶 같은가?

22일

돈 벌려고 하는 일이 맛이랑
일하다보니 돈 버는 맛이랑 달라.

여덟째, 마지못해 하지 마라

 제임스 앨런은 지금의 삶을 한 단계 업그레이드하고 싶다면, 어떤 일을 할 때 '마지못해 하는 마음' 대신 '자발적으로 공헌하는 마음'으로 임하는 습관을 들이라고 제안한다.

 일은 하기 싫은 일과 하고 싶은 일이 있다. 하기 싫은 일은 주로 남이 시켜서 하는 일이고, 하고 싶은 일은 내가 원해서 하는 일이다. 문제는 현실에서 내가 정말 하고 싶은 일은 그리 많지 않다는 데 있다. "목구멍이 포도청"이라는 말이 직장인 입에 자주 오르내리는 것은, 먹고살기 위해 하기 싫은 일도 어쩔 수 없이 해야 하는 현실을 잘 보여준다. 그럴 때 마냥 불만을 품고 투덜거리며 일한다면 일이 점점 더 싫어지고, 그런 일을 해야만 하는 자신이 점점 더 불행하게 느껴진다. 이럴수록 필요한 마음가짐은 '지금 내가 하는 일을 원하는 것'이다. 그러려면 무엇보다 내가 지금 어떤 일을 하는지부터 알아야 한다. 기계적으로 반복하던 일에서 한 걸음 물러나 이 일이 어떤 일인지, 세상에 어떤 기여를 하는지를 관찰하면 이 일의 의미를 발견하게 된다.

 앨런은 그것을 '공헌'이라는 말로 표현한다. 공헌이란, 내가 세상의 어디인가에는 가치 있고 의미 있는 기여를 하고 있다는 의미다. 내가 하는 일의 가치와 의미를 발견할 때, 세상에 무의미한 일은 없으며, 아무리 작아 보여도 누군가에게는 반드시 도움이 된다는 사실을 깨닫게 된다. 세상에 존재하는 모든 일은 그 자체로 세상에 어떤 도움이 되기 때문에 사라지지 않고 남아있는 것이다. 그 가치를 보지 않아서 못 보는 것일 뿐, 또는 볼 수 있는 안목이 없어서 보이지 않을 뿐이다. 반드시 어떤 일은 어딘가에서 누구에겐가 도움이 된다. 그 믿음으로 지금의 일을 바라보면 이전과는 다른 의미로 일이 다가온다.

내가 누군가에게 공헌한다는 사실을 이해하게 되면 수동적으로 하던 일도 능동적이고 주체적으로 바뀐다. 앨런은 이를 '자주정신'이라고 부른다. 공헌한다는 사실을 알게 되면 자신이 일의 도구가 아니라 주인이 되는 자주정신이 생긴다는 것이다. 그러므로 일할 때 자주정신을 가지려면 그 일이 세상에 무언가 보탬이 된다는 사실을 이해하고 받아들여야 한다.

나의 은사님은 취업을 앞둔 4학년 제자들에게 자주 이렇게 말씀하셨다.

"돈 보고 취직하는 세상이라지만, 너희가 어떤 직장에 가든 그 일이 세상에 어떤 영향을 주는지 볼 수 있는 곳에서 일하길 바란다. 어디든 중앙기관은 전체의 흐름을 볼 수 있는 곳이라 힘들긴 해도 내가 무슨 일을 하는지 분명하게 알 수 있어서 쉽게 지치지 않는다. 그런 곳에 가야 오래 일할 수 있는 법이다."

교수님이 앨런을 알고 이 이야기를 했는지 모르겠지만 그 말씀이 앨런이 하고 싶은 이야기라는 생각이 든다.

공헌에 대한
내 생각 적어보기

내가 지금 하는 일은 세상에 어떤 기여를 한다고 생각하는가?

나로 인해 내 일터는 무엇이 더 나아지는 것 같은가?

나는 지금 내가 하는 일의 주인으로 살아가고 있는가?

23일

목적지가 없는 배는 모든 바람이
역풍이고, 왜 이 일을 하는지 모르는
이는 모든 일이 역경이다.

마지못해 하지 않으려면
왜 나는 이 일을 하는가, 묻기

 우리나라에서 고시는 가장 어려운 시험으로 꼽힌다. 사법·외무·행정 고시를 모두 패스한 박찬종 전 국회의원은 이 고시 공부를 할 때 지키는 원칙이 하나 있었다고 한다. 바로 책의 목차를 먼저 본 후에 본문을 보는 것이다. 그는 목차를 찬찬히 들여다보면 '이 책이 무엇을 말하려고 하는지' 대강의 흐름과 주제를 파악할 수 있다고 했다. 그렇게 책의 큰 그림을 먼저 파악한 뒤 본문을 보면 곁가지로 흐르지 않고, 저자가 말하려는 의도를 따라가며 내용을 잘 이해할 수 있었다는 것이다. 이 공부법을 한마디로 요약하면 '책 내용에 호기심을 가져라'다.

 책에 대한 호기심이 없다면 목차조차 보고 싶지 않다. 그러나 궁금해지면 스스로 책을 들여다보게 되고, 들여다보니 제대로 이해하게 된다. 그 결과 박찬종은 누구보다 빠르고 정확하게 책을 이해하여 3개 고시에 모두 합격하는 놀라운 성과를 냈다.

 이 원리는 일할 때도 똑같이 적용된다. 시키는 대로 수동적이고 기계적으로 일하는 사람과, 이 일을 왜 내가 해야 하는지 생각하며 주인의 마음으로 일하는 사람은 처음에는 별 차이가 나지 않아도 얼마 지나지 않아 일하는 속도와 태도, 일을 대하는 눈빛에서 큰 차이가 나게 된다. 이것은 능력의 문제가 아니라 '일의 의미에 대한 호기심'의 문제다.

아프리카 속담에 "질문하는 자는 답하지 않을 수 없다"는 말이 있다. 내가 '이 일이 무슨 의미지?'라고 스스로 질문하는 순간, 우리 뇌는 자동으로 답을 찾기 위해 부지런히 작동하기 시작한다. 스스로 알 수 없으면 상사에게 물어보거나 동료와 이야기를 나눠보자. 인터넷 검색이나 관련 자료를 찾아보는 것도 좋은 방법이다. 모든 일은 필요해서 생긴 것이다. 사라진 일은 더 이상 필요하지 않기 때문이다.

지금 내가 어떤 일을 시작한다면 그 일은 어디에선가, 누군가에게 분명 필요한 것이다. 그러므로 호기심을 가지고 알아보면 반드시 어떤 필요인지 알아낼 수 있다. 그 필요를 알아냈을 때 느껴지는 기쁨은 앞으로 일을 덜 괴롭고 덜 힘들게 하는 결정적인 자원이 된다. 그래서 우리는 어떤 일이든 시작할 때 반드시 이 질문을 던지는 습관을 들여야 한다.

"왜 나는 지금 이 일을 하는가?"

학창 시절 공부가 힘들었던 이유도 마찬가지다. 왜 공부를 해야 하는지 제대로 알려주는 어른을 만나지 못했기 때문이다. 수학을 왜 공부해야 하는지 모르는 학생이 수학에서 고득점을 받기 어려운 것도 같은 이치다.

일할 때 공헌하는 자주정신을 기르려면, 무엇보다 먼저 이 일이 왜 필요한지에 대해 호기심을 갖고 스스로 질문해야 한다.

일의 의미에 대한
내 생각 적어보기

내가 지금 이 일을 하는 이유는?

나에게 일은 어떤 의미인가?

자기 일의 의미를 제대로 알고 일하는 사람을 본 적 있는가?

24일

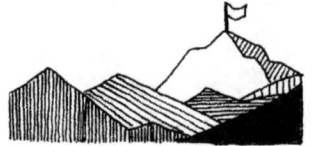

정상에 오를 이유가 생기면 내가
오르는 모든 길에 의미가 생긴다.

마지못해 하지 않으려면
남 시키는 일 말고, 세상이 시키는 일 하기

사람이 가장 하기 싫어하는 일은 '남이 시켜서 하는 일'이다. 아무리 재미있는 일도 남이 시키면 재미가 없어진다.

사회조사방법을 가르치던 강사 시절, 리서치 회사 선배를 통해 방송국 의뢰로 설문조사를 맡아달라는 연락이 왔다. 나는 학생들에게 방송국에서 설문조사를 부탁하는데 해줄 수 있겠느냐고 말하는 대신, 이렇게 말했다.

"얘들아, 이번 조사는 방송국에서 정말 중요한 조사라고 해. 그래서 우리가 이 조사를 맡게 됐어. 아쉽지만 많이 하고 싶어도 한 사람에게 많이 줄 수가 없어. 이번 조사, 해보고 싶은 사람 손 들어 봐."

그러자 학생들이 서로 하겠다고 앞다투어 손을 들었다. 같은 설문조사인데도 방송국에서 시켜서 하는 일은 싫지만, 워낙 중요한 조사라서 내가 하는 거라고 생각하면, 싫던 일도 좋아지니 사람의 마음은 참 신기하다.

학생들이 조사해 온 결과지를 리서치 회사 선배에게 넘겼다. 선배는 결과지를 보더니 깜짝 놀랐다. 전문 조사기관 못지않게 너무나 잘한 조사라는 것이다. 나도 선배 말에 놀랐다. 처음 하는 조사였는데도 세상에 꼭 필요한 일을 내가 한다고 생각했기 때문에 전문 조사자 이상의 뛰어난 결과를 낸 것이다.

지금 내가 하는 일에서 공헌하는 마음이 들게 하려면, 이 일이 남이 시킨 일이 아니라 세상이 나에게 맡긴 일이라고 생각하면 된다. 세상에 필요 없는 일은 애초에 만들어지지도 않고, 설령 만들어졌어도 금방 사라진다. 지금 이 일이 사라지지 않고 존재한다는 건 누군가, 어딘가에는 반드시 필요하기 때문이다. 그러므로 이 일을 필요로 하는 곳이나 사람이 나에게 부탁한 것이라 생각하면, 지금 내가 소중한 일을 하고 있다는 마음이 생긴다.

방송인 김제동이 프랑스의 공사 현장을 소개한 적이 있다. 건물을 짓는 현장 외벽에 일하는 사람들의 사진과 이름 그리고 맡은 일이 게시되어 있었다고 한다. 나는 그 이야기를 듣고 감동을 받았다. 지금 이 건물을 내가 짓고 있다는 자부심을 가지게 하는, 프랑스다운 멋진 발상이란 생각이 들었기 때문이다.

같은 건물을 짓더라도, 누가 지었는지 아무도 기억하지 못할 건물을 시공사나 건설사가 시켜서 짓는다고 생각하는 것과 누군가가 일할 건물을 내가 짓는다고 생각하는 것의 차이는 하늘과 땅만큼 크다.

내가 세상이 시키는 일을 기꺼이 하고 있다고 생각하는 순간, 이 일을 하는 나 자신이 자랑스러워지고, 이 일을 할 때 더 신이 난다.

소명에 대한
내 생각 적어보기

내가 지금 하는 일은 세상에 왜 필요한가?

내가 이 일을 잘할 때 세상이 조금이라도 나아지는 것은?

세상이 나에게 부탁한 일이 내가 지금 하는 일이라면?

25일

거짓말을 하면 할수록
울 일이 자꾸 자꾸 생긴다.

아홉째, 거짓말하지 마라

제임스 앨런은 지금의 삶을 한 단계 업그레이드하기 위한 좋은 습관으로 '자신과 남을 속이지 않는 마음'을 꼽았다. 거짓말을 하지 않고 있는 그대로 사실을 말하는 습관을 들이면 삶이 점점 나아질 것이라고 그는 말한다.

조선시대 실학자 이덕무가 지은 책 《사소절(士小節)》에는 다음과 같은 일화가 실려 있다.

송나라 말기, 학자 허형이 낙양으로 가던 중의 일이다. 길을 함께 가던 일행이 길가에 탐스럽게 열린 배를 보고 망설임 없이 따서 먹으며 허형에게도 권했다. 허형은 배나무의 주인이 없다고 함부로 따 먹으면 되겠냐고 나무랐다.

일행이 배 밭 근처에 사람 그림자조차 보이지 않는데 무슨 주인이 있느냐며 비웃었다. 그러자 허형은 배나무에는 주인이 없을지 몰라도 내 마음에는 주인이 있다고 하였다.

이 이야기를 듣고 허형을 융통성 없이 앞뒤가 꽉 막힌 사람이라고 여길 수도 있고, 참으로 정직한 사람이라고 생각할 수도 있다. 당장 입에 달기에는 주인 없는 배나무의 배를 따 먹는 것이 좋다. 하지만 따 먹은 후 마음에 남을 꺼림칙함을 생각한다면 따지 않는 편이 낫다. 결국 선택은 어떤 가치를 갖고 사느냐에 달렸다. 우리가 사는 세상이 점점 살기 어렵게 느껴지는 이유는 '주인 없는 배는 따 먹어도 괜찮다'고 여기는 사람이 많아졌기 때문이다.

목적만 이루면 과정은 정직하지 않아도 괜찮다는 생각이 점점 늘고 있다. 그런 생각을 하는 이유는 나만 정직하게 살면 바보가 되는 것처럼 느껴지기 때문이다. '다들 그러는데, 나라고 안 될까?' 그런 유혹은 늘 따라온다. 모두가 눈이 하나인 세상에서는 눈이 두 개인 사람이 이상하게 보이듯, 내가 옳다고 믿어도 나처럼 생각하고 행동하는 사람이 없으면 흔들릴 수밖에 없다. 나만 손해 보며 사는 것 같기 때문이다.

2017년 한국투명성기구가 발표한 한국 청소년 청렴성 조사 결과에 따르면, "부정한 방법으로 대학 입학이나 취업을 알선해 올 경우 받아들이겠습니까?"라는 질문에 우리나라 청소년 약 54~55%가 '받아들일 것'이라고 응답했으며, "부자가 되는 것과 정직하게 사는 것 중 어느 것이 더 중요한가?"라는 질문에도 '부자가 되는 것'이라고 응답한 청소년이 40.1%에 달했다.

문제는 남을 속여도 자신은 속일 수 없다는 데 있다. 거짓으로 대학에 입학하고 취직하고 부자가 된다 해도, 마음속 찜찜함까지 지울 수는 없다. 앨런은 강조한다. "가장 솔직한 삶이 가장 즐거운 삶이다."

거짓말에 대한
내 생각 적어보기

안 되는 줄 알지만 나도 한번 해보고 싶은 것은?

다른 사람도 다 하는데 왜 나는 하면 안 되나 싶은 일은?

다른 건 몰라도 이것만은 꼭 정직하고 싶은 게 있다면?

26일

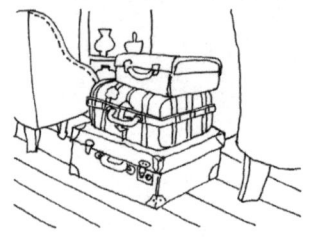

내가 어디를 가든 언제나 나를
지켜보는 내가 있다.

거짓말하지 않으려면
나에게 투명해지기

　세상에서 가장 어려운 일이 아내에게 인정받는 것과 자식에게 존경받는 것이라고 한다. 늘 함께 지내며 나에 대해 속속들이 알고 있는 아내와 자식에게 인정과 존경을 받는 일은 생각만 해도 쉽지 않다. 그런데 이보다 더 어려운 일이 있다. 바로 내가 나에게 존중받는 것이다. 아내와 자식은 잠시 내 시야에서 벗어날 수 있다. 하지만 나는 언제 어디서나 늘 나 자신과 함께 있기에 결코 나를 속일 수 없다.

　프랑스의 대학 입학시험인 바칼로레아에서 어느 해 이런 문제가 출제되었다. '나는 나를 속일 수 있는가?' 어떻게 생각하면 속일 수 있을 것 같고, 다르게 생각하면 속일 수 없을 것 같다. 만약 내가 이 문제에 대한 답을 쓴다면 '불가능하다'라고 쓰고 싶다. 내가 살아온 경험에 비추어보면, 내가 나를 속이는 것은 단 한 번도 가능하지 않았기 때문이다. 내 안에는 늘 나를 지켜보는 또 다른 내가 있다는 사실을 나는 분명히 느껴왔다.

　내 안에 있는 내가 나를 좋아하고 존중하려면 무엇보다 먼저 투명해야 한다. 속으로 생각하는 것과 겉으로 말하는 것이 똑같아야 한다. 겉과 속이 같아서 좋은 점은 쓸데없이 머리를 쓸 필요가 없어진다는 것이다. 어린아이들이 늘 환하게 웃을 수 있는 이유는 그들의 겉과 속이 같아 거짓이 없기 때문이다.

하지만 투명해지는 일은 말처럼 쉽지 않다. 당장 내 감정 앞에서는 더욱 어렵다. 누군가를 미워할 때, '아, 내가 지금 그 사람을 미워하고 있구나!' 하고 솔직하게 나에게 말하기란 생각처럼 쉽지 않다. 그보다는 그 사람이 미운 짓을 했다며 상대를 탓하게 된다. 내 감정이 지금 미움이라고 생각하지 않고, 그 사람이 미운 짓을 하고 있다고 생각하는 것이다. 그래야 내가 부정적인 감정을 가지지 않는 존재인 것처럼 여겨져 마음이 편하기 때문이다. 하지만 곰곰이 생각해 보면 분명히 내 안에서는 '미움'이란 부정적인 감정이 올라오고 있다.

투명해지는 연습은 감정에서부터 시작하면 좋다. 우리의 몸과 감정, 생각 가운데 나에게 가장 솔직한 것은 몸이다. 그다음이 감정이며, 생각은 가장 솔직하지 않다. 그래서 감정에 솔직해진다는 것은 감정으로 드러나는 몸에도 솔직해지는 것이고, 감정을 만들어내는 생각에도 솔직해지는 것이다. 결국 한꺼번에 몸, 감정, 생각 모두에 솔직해지는 것이다.

날마다 내 안에서 올라오는 감정에 이름을 붙여보는 연습은 가장 간단하면서도 확실한 방법이다. 긍정적인 감정이든 부정적인 감정이든 이름을 붙이며 바라보는 연습을 계속하다 보면 어느새 나에게 투명해진, 또 다른 나를 자연스럽게 발견하게 될 것이다.

투명해지기에 대한
내 생각 적어보기

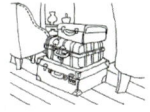

나는 나를 속일 수 있을까?

요즘 내가 자주 느끼는 긍정적인 감정에 이름을 붙인다면?

요즘 내가 자주 느끼는 부정적인 감정에 이름을 붙인다면?

27일

속이지 않는 삶은 축제의 연속이다.

거짓말하지 않으려면
속이지 않을 때 생기는 마음의 평화 느껴보기

범죄를 저지른 사람은 다리 펴고 잠을 못 잔다. 늘 마음 한편이 찜찜하고 불편하기 때문이다. 아이러니하게도, 범죄자의 마음이 편해지는 순간은 붙잡혔을 때라고 한다. 또한 범죄 사실을 다 털어놓았을 때 비로소 마음이 후련하고 편안해진다고 한다.

거짓말을 하려면 그만큼 많은 에너지가 필요하다. 사실이 아닌 것을 사실처럼 믿게 하려면 여러 심리적인 장치를 사용해야만 한다. 일단 기억력이 좋아야 하고, 능청스럽게 부정할 배짱도 있어야 하며, 똑같은 레퍼토리로 계속 거짓말을 할 수 있어야 한다. 그것은 자연스럽지 않고 인위적이므로 정신적 에너지를 많이 갉아먹는다.

남을 속이지 않을 때 마음이 편안한 이유는 불필요한 정신적 에너지를 쓰지 않아도 되기 때문이다. 특별히 무엇을 기억하지 않아도 되고, 남을 믿게 하려고 애쓰지 않아도 된다. 몸은 자연스럽게 이완되고, 마음은 느긋하게 평화롭다. 그래서 당당하고 자신감도 생긴다.

외도 상담 사례에서도 이 같은 심리를 자주 볼 수 있다. 외도는 짜릿한 쾌감을 주기도 하지만, 그 순간부터 배우자를 속이기 위해 정신적인 에너지가 끊임없이 소모된다. 처음에는 그 쾌감이 에너지 소모를 덮는 듯 보이지만 곧 더 큰 피로와 지침으로 되돌아온다.

상담실에서는 종종 이런 말을 듣는다.

"차라리 들켜서 후련했어요."

그러고는 '당당하게 사는 게 가장 큰 쾌감'이라고 이야기한다. 그만큼 속이는 게 힘들고, 에너지 소모가 굉장했다는 이야기다.

속이는 사람은 편할 수 없다. 불편한 마음이 지속되어 힘들고 고통스럽다. 언제 들킬지 몰라 불안하고, 작은 일에도 두근거린다. 이는 당장은 거짓말로 인해 즐거울 수 있어도 장기적으로는 즐거울 수 없게 만든다.

동화 〈임금님 귀는 당나귀 귀〉에 나오는 대나무 숲 외침은 솔직하게 말하지 못했을 때 인간이 얼마나 괴롭고 힘든지를 상징적으로 보여준다.

마음 편하고 당당하게 사는 좋은 방법은 거짓말을 하지 않는 것이다. 살면서 우리는 다양한 스트레스를 안고 살아간다. 그런데 여기에 다른 사람을 속이고 거짓말까지 하면 너무 많은 정신에너지를 쏟아야 하니 삶은 점점 더 버겁고 무거워진다.

삶의 지혜가 많지만 그 모든 것의 기본 가운데 기본은 솔직하게 사는 것이다. 솔직한 것이 가장 편하게 살 수 있는 비결 가운데 하나다.

솔직함에 대한
내 생각 적어보기

내가 나의 모든 것을 솔직하게 말하는 사람은?

그 사람과 있을 때 드는 마음은?

아무것도 속이지 않고 나를 대하는 사람은?

28일

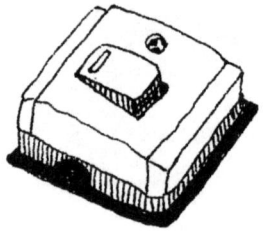

복수의 스위치를 꺼야
관용의 늄이 켜지기 시작한다.

열 번째, 복수하지 마라

제임스 앨런은 지금의 삶을 한 단계 업그레이드하기 위한 마지막 좋은 생각 습관으로 과거와 남을 너그럽게 용서하는 '관용의 정신'을 강조한다.

말이 쉽지, 나에게 손해를 입히고 상처를 준 사람을 용서하고 품어준다는 것은 보통 사람으로는 상상하기 힘들다. '누구 좋으라고 나를 힘들게 한 그 사람을 내가 용서한단 말인가?' 하는 마음이 먼저 들기 때문에 용서는 무척 어려운 일이다.

영화 〈밀양〉에서는 "내가 용서하지 않았는데, 정작 살인자인 너는 신에게 용서받았다고?"라는 묵직한 대사가 나온다. 이처럼 용서란 말처럼 쉬운 게 아니다. 사실 용서는 사랑의 가장 어려운 단계다. 사랑은 아무리 붙들고 싶어도 쉽게 사라지지만 미움은 반대다. 바로 내쫓고 싶어도 지겨울 정도로 오래도록 마음에 머문다. 그런 미움을 넘어설 때 찾아오는 것이 용서다. 그래서 용서는 인간이 할 수 있는 가장 어려운 일 가운데 하나다.

조용필의 노래 가사 가운데 "너를 용서 않으니 내가 괴로워 안 되겠다"는 구절이 있다. 이 말은 상대를 용서하지 않을 때 고통을 겪는 사람은 상대가 아니라 용서하지 못하는 나 자신임을 직설적으로 표현하고 있다. 용서는 용서받아야 할 상대의 몫이라기보다 용서해야 하는 나 자신의 몫이다.

그래서 앨런은 더 나은 삶을 살기 위한 마음의 마지막 미션으로 '용서'가 이끄는 관용 정신을 강조했다. 너그러운 마음으로 풀이되는 관용은 '그럼에도 불구하고 품어주는 마음'이다. 소위 대인배의 마음으로 소인배를 품어주는 것이 관용이다. 주위를 둘러보면 용서하는 사람보다 복수하는 사람을, 용서하는 나라보다 복수하는 나라를 더 자주 마주친다.

이스라엘과 팔레스타인의 전쟁, 우리 사회에서 대통령이 바뀔 때마다 벌어지는 정치 보복, 이 모든 현실은 입으로는 평화와 화해를 말하면서 실제로는 보복과 응징을 가하는 모습을 적나라하게 보여준다. 개인 차원이든 국가 차원이든 복수는 매우 자연스러운 일이지만 용서는 인위적인 일임을 알 수 있다. 그렇기에 복수는 누구나 하고 싶고 할 수 있는 쉬운 일인 반면, 용서는 누구나 하기 싫고 할 수 없는 어려운 일이다. 그러나 바로 이 때문에, 앨런은 복수가 아닌 용서의 중요성을 강조한다. 앨런은 용서가 가져오는 마음의 커다란 화해와 평화의 세계를 기억하기를 당부한다.

내가 사는 동네 가게에 이런 문구가 커다랗게 적혀 있다. "상호협력은 어렵다. 그러나 그 성과는 크다." 상호협력 대신 용서를 넣으면 이렇게 된다. "용서는 어렵다. 그러나 그 효과는 크다." 맞는 말이다. 알면서도 잘되지 않기에 '어떻게 용서할 것인가'는 이 시대를 살아가는 우리 모두의 고민이다.

관용에 대한
내 생각 적어보기

살면서 도저히 용서가 안 되는 한 사람은?

내가 그 사람을 용서하지 못하는 이유는?

만일 그 사람을 용서한다면 내게 어떤 안 좋은 일이 생길까?

29일

록수의 열차가 달리기 시작하면
고통과 후회의 뒷 차가 따라온다.

복수하지 않으려면
누가 손해인지 생각해 보기

우리 속담에 "맞은 사람은 다리 뻗고 자고, 때린 사람은 다리를 오므리고 잔다"는 말이 있다. 하지만 현실은 정반대다. 맞은 사람은 분한 마음에 다리를 잔뜩 오므린 채 불면에 시달리고, 때린 사람은 후련한 마음에 다리를 쭉 뻗고 잔다. 당한 사람만 괴로워하고 힘들어할 뿐 나쁜 짓을 한 사람은 편안하게 잠을 청하는 게 현실이다.

"정의는 강자의 편"이라는 말도 있다. 약육강식이 이 세계의 논리라는 것을 우리가 살면서 수없이 실감한다. 힘 있는 사람은 법망을 유유히 빠져나가고, 힘없는 사람은 사소한 잘못도 반드시 처벌받는다. "유전무죄, 무전유죄(有錢無罪 無錢有罪)"라는 말은 감옥에서 탈옥하고 결국 스스로 생을 마감한 지강헌의 마지막 외침이었으며, 지금까지도 우리 사회에서 회자되는 뼈아픈 말이다. 강자는 당당하다. 그리고 용서받을 수 없는 못할 짓을 강자라는 이유 하나로 거리낌 없이 저지른다.

이런 세상에서 용서는 강자의 세계가 아니라 약자의 세계, 가해자의 몫이 아니라 피해자의 몫이다. 당한 것도 서럽고 억울한데, 아무 양심의 가책도 없이 더 잘 먹고 잘 사는 강자를 더 못

먹고 못 사는 약자가 품고 용서해야 한다는 건 너무나 불공평한 일이다.

그렇다고 강자를 미워하고 복수를 결심하면, 약자는 끝없는 괴로움으로 지옥 같은 하루하루를 보내야 한다. 당장 복수를 위한 자원을 마련할 수도 없다. 그렇다고 그들을 대신 응징해 줄 만큼 강력한 힘을 가진 사람을 찾기도 어렵다. 그래서 미움과 원망으로 가득 찬 하루하루를 살아가야 한다. 그것은 살아 맛보는 가장 힘든 지옥과도 같다. 잘못한 건 그 사람인데 벌은 내가 받는 셈이다. 결국 복수는 내가 독약을 마시고 상대가 죽기를 바라는 일이 된다. 이 사실을 깨닫는 순간, 복수를 다짐하고 미움과 원망으로 사는 것보다 용서를 결심하고 자신의 마음과 화해하며 평화롭게 사는 것이, 왜 더 나은 선택인지 알게 된다. 그는 멀쩡히 잘 사는데 나만 괴로워한다면, 손해 보는 쪽은 결국 나 자신이기 때문이다.

'마음대로 잘 안 된다'는 말을 뒤집으면 '잘 마음을 먹으면 될 수도 있다'는 뜻이 된다. 고통을 준 상대가 잘했다는 말이 아니다. 상대는 백 번, 천 번을 생각해도 잘못한 사람이며 그 행동은 분명 잘못된 것이다. 하지만 그런 그로 인해 내가 백 번, 천 번 고통받는 것은 온당치 않다. 그보다는 '용서'라는 마음의 체로 그 일을 다시 걸러내고, 덜 괴롭게 살아가는 편이 낫다. 그 일도 인생에서 큰 손해를 봤는데 그 뒤로 더 큰 손해를 계속 보는 건 나에게 너무 가혹한 일이라고 생각하는 것. 그것이 용서를 결심하게 하는 큰 힘이 될 수 있다.

용서에 대한
내 생각 적어보기

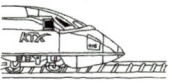

내가 누군가를 용서하지 못해 생기는 마음의 어려움은?

내가 누군가를 용서하지 못해 생기는 몸의 어려움은?

내가 누군가를 용서하지 못해 생기는 일상의 어려움은?

30일

최고의 복수는
그보다 더 나은 사람이 되는 것이다.

복수하지 않으려면
그보다 더 나은 사람 되기

 세상의 모든 불행은 '나만 행복하면 된다'는 마음에서 시작된다. 그런 마음을 가진 사람이 남을 괴롭힐 때 불행이 시작된다. 남이야 죽든 말든 나만 행복하면 된다고 생각하는 사람은 다른 사람의 처지나 감정을 헤아릴 줄 모른다. 그래서 무슨 짓이든 서슴지 않고 할 수 있다.

 자기만 행복하겠다는 마음을 가진 사람은 인간의 품격을 잃은 사람이다. 그는 정신적으로 가장 낮은 단계에 머물러 있는 사람이다. 사람이 태어나 가장 유치한 생각을 할 때가 바로 영유아기다. 이 시기의 아이들은 자기밖에 모른다. 자기가 좋아하는 놀이에만 집중하고, 같이 놀아주는 부모는 좋은 부모, 놀아주지 않는 부모는 나쁜 부모. 조금 더 자라면 정신도 자란다. '나는 놀고 싶지만 부모는 일하고 와서 쉬고 싶겠구나' 하고 부모의 처지를 이해하게 된다. 자기중심적인 마음에서 타인을 헤아릴 줄 아는 '우리 중심'적인 사람으로 성장하는 것이다. 이럴 때 우리는 아이의 "정신이 성장했다", "철이 들었다"고 말한다.

 그런데 어쩐 일인지 나이가 들어도 영유아기 때 마음을 벗어나지 못한 사람들이 있다. 유치한 아이처럼 내 돈, 내 물건, 내 욕심만 챙기는 사람이 그런 사람이다. 나이만 먹었을 뿐, 마음 나이는 여전히 어린 아이에 머물러 있는 것이다. 그리고 꼭 이런 사람이 남의 마음을 아프게 한다. 그 결과, 나이가 들어서는 외롭고 초라한 말년을 맞이하게 된다. 그것은 어쩌면 남을 아프게 한 대가일지도 모른다.

그래서 그런 사람에게 피해를 입은 내가 할 수 있는 가장 좋은 방법은, 그 사람보다 더 나은 사람이 되는 것이다.

"그들이 낮게 갈 때, 우리는 높게 간다(When they go low, we go high)."

이 말은 오바마 대통령의 부인 미셸이 했는데, 용서의 방법에 대한 최고의 메시지로 보인다. 좋은 복수는 저열한 사람보다 더 나은 사람이 되는 것이다. 좋은 예로, 수십 년간 옥살이하고도 자신을 감옥에 가둔 백인에게 복수하지 않고, 화해와 용서로 전 세계를 감동시킨 남아프리카 공화국의 넬슨 만델라 대통령을 들 수 있다. 백인들이 비열하게 행동할 때, 그는 정반대로 품격 있게 대응했다. 그들이 낮게 갈 때 그는 높게 갔다. 그것이야말로 세계를 놀라게 한 복수의 드라마요, 용서의 상징이었다.

서양 속담에도 "비열한 사람에게 화를 내면, 나도 비열한 사람이 된다"는 말이 있다. 이 또한 용서야말로 가장 멋진 복수라는 사실을 말해준다. '어떻게 하면 저 사람을 고통스럽게 할까'를 고민하면 그 사람이 내 인생의 주인공이 되어버린다. 내가 내 인생의 주인공이 되어, '어떻게 하면 그 사람보다 더 나은 사람이 될 수 있을까'를 고민하는 것이 관용 정신이다.

복수에 대한
내 생각 적어보기

내가 아는 사람 중에 복수를 가장 멋지게 한 사람은?

복수하고 싶은 사람보다 내가 더 나은 사람이 되는 방법은?

복수하고 싶은 사람보다 더 나은 사람이 되면 내게 좋은 점은?

2장

모든 것은
마음에서 나온다

01
인생은
마음 가는 대로 만들어진다

사실은 생각한 대로 살아가고 있다

마음속에 있는 것은 언제나 밖으로 흘러나오려 한다. 어떠한 것도 존재를 드러내지 않은 채 사라져버리지 않는다. 사람의 마음도 마찬가지다. 단지 조용히 생각만 했더라도, 마음속에 떠오른 것은 반드시 어떤 형태로든 드러난다.

만약 이 세상에 '시간'이라는 개념이 없다면, 마음속 생각이 바깥으로 흘러나와 현실을 바꾸는 일도 일어나지 않을 것이다.

예를 들어, 땅속에 잠들어 있는 씨앗은 스스로 싹이 터서 서서히 나무로 성장하고 꽃을 피워 열매를 맺는다. 하나의 작은 씨앗이 잎이 무성한 나무로, 꽃은 열매로, 시간의 흐름과 함께 모습을 바꾸어간다. 이 선명한 자연의 변화 과정은 우리가 살아가는 세상에도 그대로 적용되는 '질서의 흐름'이다.

인생도 마음이 흘러나와 전개되어 가는 하나의 흐름이다.

있는 그대로 마음을 표현하는 당신은 당신 이외의 그 누구도 아니다. 그리고 당신의 생각은 '마음속 있는 그대로'의 행동으로 나타나 당신 삶의 방향과 운명을 만들어간다.

마음에 따라 비추는 현실은 다르다

현실은 내면의 마음을 비추어 보여주는 거울이다. 생각은 말로 드러나고, 사고는 행동 하나하나로 나타나며, 이 둘의 조화는 결국 삶의 결실로 이어진다.

마치 깊은 숲속에서 샘물이 솟아나듯, 마음속 깊은 곳에서도 끊임없이 여러 가지 생각이 솟아오른다. 그 생각들은 사고의 흐름을 타고 당신을 통해 현실로 향한다. 당신이 되고자 하는 모습도, 당신이 손에 쥐고자 하는 것도, 모두 마음속 깊은 샘물에서 넘쳐 흘러나온 것이다.

슬픔, 기쁨, 고통, 쾌감 등 마음은 매일매일 벌어지는 사건들에 따라 여러 가지 색으로 물든다. 그리고 그 안에는 희망이나 불안, 증오나 사랑이 펼쳐진다.

마음을 물들이는 감정이나 생각은 사건이나 환경이 불러들인 것이 아니다. 우리는 그저 그 사건이나 환경에 대한 마음의 반응을 현실에 비추어 받아들일 뿐이다.

현실을 왜곡하는 저속한 생각도, 비뚤어진 현실에 반응하는 어리석은 생각도, 어디에선가 불쑥 마음속으로 들어온 것이 아니다. 그것들은 당신이 살아오며 겪은 경험에서 생겨나 당신 마음속에 머물고 있을 뿐이다.

인생을 변화시키는 새로운 깨달음 역시 외부에서 다가오는 것이 아니다. 당신의 마음에서 그것을 느끼고 스스로 만들어내지 않는 이상, 그 어떤 깨달음도 찾아오지 않는다.

마음을 지키는 것은 자기 자신이다

마음은 인생의 흐름을 만들어내는 원천이다. 지금 마음속 샘물에서 어떤 생각이 솟구치고 있는가? 그 샘물의 상태를 알 수 있는 사람은 오직 자기 자신뿐이다. 그리고 그 생각이 어떤 방향의 사고를 따라 흘러가는지, 그 샘물의 흐름을 지켜볼 수 있는 이도 자신밖에 없다.

소중한 샘물이 탁해지지 않도록 주의를 기울이고, 그 물이 아름다운 흐름을 타고 현실로 흘러가게 지켜볼 수 있는 사람 또한 유일하게 당신뿐이다.

당신은 생각의 소유자고, 사고의 수호자다. 그리고 인생의 원천을 다스리는 관리자다.

마음속 의식에 귀를 기울이고, 주의 깊고 세심하게 자기 생각을 바라보면 메마른 생각은 서서히 아름다워지고, 틀린 사고는 조금씩 바른 길로 향하게 된다. 그래야 양심이나 정의에 반하는 생각에 물들지 않는 삶의 방식을 스스로 선택할 수 있다. 이것이 곧 정신적인 성장과 진정한 행복으로 이어지는 길이다.

하지만 우리는 자신의 마음에조차 무관심할 때가 있다. 막연한 생각과 흐릿한 사고 속에서 자기 마음의 상태나 바람직한 방향에 대해 아무런 관심 없이 살아가다 보면, 인생이 적절한 타이밍에 던져주는 중요한 과제를 깨닫지 못한 채 지나쳐버리게 된다.

그것을 포착하지 못하면, 직접 부딪혀 배울 기회조차 없이 문제를 피해가며 살아가게 된다. 그 길은 결국, 참된 자신을 속이며 고통과 아픔을 안고 살아가는 삶으로 이어질 뿐이다.

마음과 함께 내딛는 인생의 시작

인생 그 자체가 마음에서 비롯된다는 사실을 깨닫게 된다면, 당신 앞에는 행복으로 이어지는 길만이 펼쳐질 것이다.

더불어, 자신이 스스로 생각의 방향을 정하고 이상을 향해 인생을 창조해 가는 힘을 가지고 있다는 사실 또한 알게 된다. 그때부터 우리는 더 나은 생각과 행동으로 자신의 삶을 이끌며, 단단하고 흔들림 없는 발걸음으로 더 나은 인생을 향해 나아가고자 애쓰게 된다.

그리고 '살아간다는 것'이 얼마나 아름답고 고귀한지 느끼게 되면, 혼란이나 괴로움을 부르는 생각, 자신을 해치는 부정적인 사고 등을 스스로 떨쳐내야 한다는 사실도 알게 된다.

마음을 지켜내기 위한 끊임없는 노력을 이어간다면, 자유를 잃거나 인생의 목표를 놓쳐 마음을 흔들리는 일 따위는 더 이상 일어나지 않을 것이다.

인생은 결국, 마음 가는 대로 흘러간다.

02
생각을 바꾸면
현실이 바뀐다

마음은 무한을 창조하는 힘을 가지고 있다

우리는 지금 이 순간의 삶에 충실하며, 자신만의 인생이라는 십자수를 놓는다. 그리고 그 십자수의 실은 바로 '생각'과 '사고'다. 아름다운 생각의 실과 부정적인 사고의 실이 종횡으로 교차하며 하나의 무늬를 만들어간다. 의심이나 오해로 자아낸 실도, 현실을 올바르게 이해한 데서 나온 실도 모두 행동으로 이어지며, 한 땀 한 땀 어긋남 없이 인생 위에 수놓아진다. 그렇게 완성된 직물은 그 사람의 성격이나 정신에 색을 입히고 결국 그의 인생을 드러내는 그림이 된다.

우리는 자신의 마음속에 숨겨진 능력을 알지 못한 채 마음이 수놓은 인생의 십자수를 그저 몸에 걸치고 살아간다. 감추어진 마음속 능력은 자신의 선택에 따라 얼마든지 인생의 십자수에 활용할 수 있다.

마음의 능력을 어떻게 잘 살릴 수 있을지는 현실을 체험하며 배워가야 한다. 그 체험은 때로는 더 빠르게 가속되기도 하고, 자기 자신으로 인해 방해받기도 한다. 마음은 본래 자유롭다. 속박되지 않으며, 제한도 없다. 그러나 스스로 마음에 한계를 정해놓는다면, 그 순간부터 마음은 여러 조건과 상황에 의해 조금씩 구속되어 간다.

내가 한계를 정할 수 있다면, 그 한계를 넓히는 것도 나 자신만이 할 수 있다. 가능성은 당신의 마음 그대로 펼쳐지고, 당신은 마음 그대로 자유롭게 살아갈 것이다.

마음의 습관은 바꿀 수 있다

사람은 탐욕스러운 욕망을 지닌 채 감정에 몸을 맡기며 행동하기도 한다. 그러나 의연하게 아름다운 마음으로 살아가는 삶도 충분히 가능하다. 초라한 사람이 될지, 세련된 사람이 될지, 어리석게 살지, 지성으로 살지는 타고난 것이 아니라 스스로 선택하는 것이다.

우리는 망상이나 의심으로 진실을 덮어버리거나, 겉으로 주어진 이미지를 곧이곧대로 믿어버리기도 한다. 그러나 사실을 왜곡하는 의심이나 허상을 물리치고, 현실의 본모습을 올바르게 발견해 낼 수도 있다. 현실에 대한 우리의 마음 반응은 좋든 싫든 '마음의 습관'으로 굳어져 인생 전체에 계속 영향을 미치게 된다.

감정의 스위치를 켜고 끄는 법이나 행동으로 나타나는 사고 과정은 반복되는 경험과 반응을 통해 자신의 성격과 버릇으로 굳어진 '마음의 습관'이다. 그러나 이 마음의 습관은 더 나은 방향으로 변화하려는 의지와 노력에 따라 충분히 바꿔나갈 수 있다.

현실을 어떻게 받아들이고 어떻게 전개해 갈 것인가.

창조하는 것도, 선택하는 것도 마음의 습관에 따라 달라진다. 마음이 만든 조건을 변화시키는 힘과 상황을 변화시키는 힘은 모든 사람 안에 이미 존재한다. 그리고 그 마음의 습관을 어떻게 바꾸어갈 것인가는 되풀이되는 선택과 살아가며 축적된 경험과 배움에 달려 있다.

사고 과정이 만들어내는 현실

마음에서 비롯되는 사고 과정, 즉 생각을 소유하는 방식, 현실을 포착하는 방식, 그리고 사고를 삶 속에서 전개해 가는 방식은 그 자체로 그 사람의 가치를 드러낸다. 결국 사람은 자신의 가치에 걸맞은 인생을 창조해 간다.

마음속에 자리한 사고 과정은 습관처럼 굳어질 수도 있고, 의지와 노력으로 서서히 변화시킬 수도 있다. 그러나 대부분은 그 마음의 습관에 스스로 얽매인다. 작은 오해나 착각 하나로 기분이 순식간에 엉망이 되기도 하고, 잘못된 사고방식이 반복되며 어느새 자신을 특정 상황에 옭아매는 일도 생긴다.

우리가 자유롭지 못하다고 느끼는 이유는 스스로 만들어낸 사고 과정 때문이다.

구속을 풀고 진짜 자유를 향해 나아갈 수 있는 사람은 오직 자신뿐이다. 우리를 구속하는 태도는 외부에 있는 것이 아니라 우리 마음속에 있기 때문이다.

현실을 현실로 인식하는 주체는 '마음'이다. 어떤 사건이나 상황이 벌어졌을 때, 그것이 의미를 갖고 '현실'로 작용하게 되는 것은 그것을 인식하는 마음과의 관계 속에서다. 결국, 외부에서 벌어진 사건이 현실이 되는 것이 아니라, 그 사건을 어떻게 받아들이고 사고하는지가 '내게 주어진 현실'을 만든다.

외부가 내부를 대신해 현실을 만들어주는 일은 없다. 내면의 세계는 외부에서 흘러들어 오는 것이 아니라, 내부의 사고 과정이 외부를 해석해 현실로 만들어낸 것일 뿐이다.

다시 말해, 마음속에 비치는 현실은 결국 나 자신의 사고 과정이 만들어낸 하나의 해석, 하나의 그림에 지나지 않는다.

외부는 내부를 비추는 그림자

우리는 살아가면서 각양각색의 감정을 맛본다. 여러 가지 생각이나 사고가 마음속에 일어나 갈등을 낳기도 하고, 기쁨을 부풀리기도 한다. 설령 현실을 통해 마음에 생겨났다고 해도, 감정이나 생각은 결국 '마음속에만' 존재한다. 어떤 사건이나 상황이 수많은 감정과 생각을 '직접적으로' 만들어내는 것은 아니다.

어려운 현실을 살아가고 있다고 해도, 괴롭고 슬픈 건 그 상황 자체가 아니라, 그 상황을 받아들이는 '마음의 방식'이다. 사람을 그릇된 행동으로 이끄는 것도 상황이 아니라, 마음속에 생겨난 나쁜 유혹이나 충동에 스스로 복종해 버리는 것이다.

현실을 있는 그대로 받아들이는 바른 마음의 자세, 그리고 상황에 맞는 적절한 지혜를 배워간다면, 우리는 더 이상 괴로움과 고민에 빠져 의욕을 잃고 헤매지 않아도 된다.

어떤 환경에 놓여 있든, 충동적인 감정이나 욕망에 휘둘려 삶의 방향을 잃는 일은 줄어들 것이다. 오히려 직면한 현실에서 마음을 해방시키는 법을 배우고, 자신을 소중하게 여기며 평온한 내면의 세계에 다다를 수 있을 것이다.

자신의 기분이 충족되지 않는 이유를 다른 사람 탓으로 돌리고, 일이 잘 풀리지 않는 원인을 상황 탓으로만 여긴다면, 그 순간 우리는 아무것도 배울 수 없다. 남는 것은 자신의 고뇌와 불안뿐이다.

외부는 내부를 비추는 그림자일 뿐이다. 마음이 맑고 단단하다면 외부 세계 또한 산뜻하고 아름다운 흔적을 남긴다.

마음속 깊은 의식과 하나가 되다

마음의 성장은 내면에서 시작되어 인생이라는 현실로 드러난다. 타락과 파멸도 내면에서 일어나지 않는 한 바깥 세계에 나타날 수 없다.

모든 것은 안에서 밖으로 흐른다. 이것이 세상의 법칙이다. 인생의 변화나 조정도 오직 내부에서부터 일어날 수 있다.

더 나은 인생으로 변화하고 싶다면 외부 세계와의 갈등에 에너지를 소모하기보다 내면의 변화와 회복에 집중해야 한다. 정신을 고결하게 가꾸고, 마음의 힘을 자기 안으로 향하게 해야 한다.

외부에서 일어나는 크고 작은 사건들에만 붙들려 노심초사하며 에너지를 허비하지 말고, 자신을 더욱 소중하게 지켜내기 위해 마음을 올바르게 활용하자.

마음속 깊은 의식과 하나가 되는 감각을 익히고 충만한 평온 속에서 살아갈 때, 진정한 배려의 정신으로 주변 사람들에게 깊은 영향을 미치게 된다. 그 영향력은 권위나 권력을 억지로 휘두르는 것이 아니라, 조용하고도 고상한 방식으로 다른 이들을 더 나은 길로 이끄는 힘이 된다. 그러한 삶의 태도는 자신의 삶 또한 더욱 귀하고 단단하게 만들어준다.

인생은 마음에서부터 생겨난다. 정신은 사고와 행동으로 완성되어 간다. 마음을 의식하고, 자기 자신을 더 나은 사람으로 이끄는 생각을 만들어낼 때, 그 사고의 힘은 삶을 더욱 좋은 방향으로 바꾸는 에너지가 된다.

이제, 당신의 인생에서 직접 마음의 에너지를 체험하고 확인해 보라. 그 에너지는 분명, 당신의 인생을 새롭게 변화시킬 것이다.

03

마음속 습관을 고치면
모든 것이 잘 풀린다

우리는 마음속 습관과 함께 살아가고 있다

당신의 현재 성격이나 기질은 지금까지의 인생에서 반복된 마음의 습관이 쌓여 만들어진 결과다. 쾌활함, 금세 침울해짐, 퉁명스러움, 평온함, 탐욕스러움, 관대함 등 사람마다 드러나는 심리적 특성은 제각각이다. 그리고 이러한 마음의 상태가 몇 번씩 되풀이되는 동안 그것은 고스란히 성격의 일부로 자리 잡게 된다.

하루하루 생활 속에서 되풀이되는 사고, 즉 마음의 움직임이 점차 습관이 되고, 그 마음의 습관이 곧 삶의 방식을 만들어낸다.

우리는 경험을 통해 지식을 얻는다. 예를 들면, 끙끙 고민하거나 쉽게 얽매이는 마음의 습관은 결국 자신에게 불편하고 성가신 존재가 된다. 하지만 매번 그런 방식으로만 반응하는 법 외의 다른 수단을 배우지 못했다면, 그 마음의 습관은 쉽게 사라지지 않는다.

어린아이가 새로운 도구를 배워가는 모습을 떠올려보자. 처음에는 제대로 잘 사용할 줄 모르고, 올바른 사용법조차 알지 못한다. 그러나 반복하며 연습하는 사이 점점 능숙해지고, 어느 순간 자연스럽게 다룰 수 있게 된다.

마음의 습관도 마찬가지다. 처음엔 분명 인식하는 것조차 어려울 것이다. 하지만 참을성을 갖고 마음 다루는 연습을 계속하면 점차 새로운 마음의 습관이 자리 잡는다. 그리고 그 습관은 무의식 속에 스며들어 당신의 성격으로, 당신 삶의 일부로 자연스럽게 형성되어 갈 것이다.

바람직한 습관이 자유의 문을 연다

바람직하지 않은 마음의 습관은 바람직하지 않은 상황을 초래한다. 그것을 변화시켜 가는 과정이야말로 그 상황에서 자신을 해방시키는 길이다.

오히려, 자신을 괴롭히는 마음의 습관을 만들어낸 그 힘을 다시 자신을 다스리는 힘으로 바꾸고, 더 나은 마음의 습관으로 전환해 간다면 당신 안에 잠들어 있던 자유의 문이 활짝 열릴 것이다.

여기서, 마음속 깊은 곳과 마주하려는 당신에게 한 가지 전해두고 싶은 이야기가 있다. 사람들은 흔히 이렇게 말한다.

옳은 일보다 잘못된 일을 하는 게 더 쉽다.
죄를 짓지 않고 사는 것보다, 죄를 짓는 편이 훨씬 쉽다.

부처는 말한다.

자신에게 해가 되는 일은 쉽게 할 수 있다.
반면, 자신에게 유익한 일은 실로 매우 어렵게 느껴지는 법이다.

이 말은 인간의 본성을 꿰뚫은 통찰이다. 그러나 좋지 않은 방향으로 기울기 쉬운 마음의 습관은 삶을 살아가며 누구나 한 번쯤 겪는 일일 뿐, 그대로 변하지 않는다고 해서 그것이 본질적인 진실은 아니다.

우리가 올바르지 않은 일을 더 쉽게 느끼는 이유는 그것에 익숙해져 있을 뿐이고, 반대로 올바른 일은 익숙하지 않아서 어려워 보일 뿐이다. 또한 삶의 본질과 인간다움의 의미를 깊이 이해하지 못한 채 살아가고 있기 때문이기도 하다.

물론 오랫동안 몸에 밴 습관을 바꾸는 일은 간단하지 않을지도 모른다. 하지만 진심을 담은 노력과 실천은 반드시 새로운 당신을 탄생시킨다.

마음속 나쁜 습관은 노력으로 고칠 수 있다

글 쓰는 법을 배우지 않은 아이는 펜을 잡는 모양도 어색하고, 글자도 잘못된 모양으로 아무렇지도 않게 쓴다. 펜을 바르게 잡는 법도 글자를 바르게 쓰는 법도 알지 못하기 때문이다. 바르게 쓸 수 있게 되기까지는 올바른 방법을 배우고, 꾸준히 연습

하는 시간과 노력이 반드시 필요하다. 그리고 그 과정을 통해 익숙해지면, 오히려 펜을 잘못 잡거나 글자를 틀리게 쓰는 것이 더 어색하게 느껴진다. 일부러 그렇게 할 이유가 없기 때문이다.

마음과 인생도 이와 크게 다르지 않다. 현실을 올바르게 바라보고 바르게 살아가기 위해서는 끊임없는 노력과 실천이 필요하다. 그리고 그 삶에 익숙해지면, 올바른 생각과 행동이 자연스러워지고, 잘못된 길을 걷는 것이 오히려 낯설게 느껴진다.

장인이 오랜 수련 끝에 숙련된 기술을 익혀가는 것처럼, 우리도 스스로 의식하며 자신에게 해가 되는 습관이나 사고방식, 마음의 습관을 고쳐나가야 한다. 그 과정은 스스로 새로운 습관을 받아들이고 반복하여 실행하는 데서 시작된다. 그렇게 반복하는 동안, 바람직하지 않던 사고방식이나 행동이 서서히 바른 방향으로 바뀌어간다.

분별없는 사고나 행동에 길들여 있는 한, 잘못을 저지르기는 쉽다. 탐욕스러운 생각으로 살아가고 있다면, 도둑질이나 강도질 같은 일에도 쉽게 손을 댈 수 있는 계기를 쉽게 찾게 될 것이다. 하지만 선한 마음을 기르고 있다면, 그 같은 행동은 생각조차 들지 않을 것이다.

제2의 천성, 습관은 바꿀 수 있다

걸핏하면 화를 내는 사람은 그동안 화내는 방법 외엔 제대로 배워본 적이 없기 때문에 그런 반응에만 익숙해져 있을 뿐이다. 참을성이 없거나 쉽게 흥분하는 성격 역시 의식적으로 주의하지 않으면 그 뿌리는 점점 깊어지게 된다. 그러나 그 성격이 습관화된 결과라면, 그와 같은 방식으로 다시 바꿔가는 것도 가능하다. 툭하면 화를 내던 성격도 연습과 반복을 통해 인내심 있고 온화한 성격으로 변화할 수 있다.

마음속 의식에 귀를 기울이다 보면 자신의 나쁜 습관이 드러나는 순간들이 있다. 그럴 때일수록 매사를 냉정하게 바라보며 마음을 차분히 가라앉힐 수 있어야 한다. 참을성이 부족하다면 마음의 움직임을 지켜보는 연습을 꾸준히 반복하며 조금씩 인내를 배워가야 한다.

처음부터 잘되는 일은 없다. 그러나 의식적으로 노력하다 보면 차츰차츰 평온한 마음 상태가 자연스럽게 자리 잡고, 인내심 있게 매사를 대하는 태도도 몸에 배게 된다.

습관은 제2의 천성, 즉 후천적으로 만들어진 성격이다. 없애고 싶은 습관은 없애려는 노력을 끈질기게 이어감으로써 반드시 극복할 수 있다. 당신이 스스로를 바꾸면, 좋지 않은 성격이 불러오던 갈등과 문제들은 당신의 인생에서 자취를 감추게 될 것이다. 게다가 그 변화의 과정에서 그동안 당신조차 눈치채지 못했던 자신의 본래 장점을 발견하게 될지도 모른다.

새로운 당신에게는 새로운 삶과 인생이 펼쳐진다.

04
앎은 행동할 때 완성된다

사고의 결합이 인생의 흐름을 만든다

당신은 '자신의 사고와 현실 사이의 관계'를 제대로 알고 있는가? 우리는 경험과 학습, 그리고 다양한 생각을 통해 자신만의 사고를 형성해 간다. 그렇게 익혀온 사고도 결국은 '마음의 습관'이다. 즉, 마음은 삶 속에서 쌓아 올린 사고의 복합체인 것이다. 그러나 아무리 익숙해진 사고라도 마음먹기에 따라 바꿀 수 있다. 원한다면, 지금 이 순간부터라도 낡은 사고방식을 벗어 던질 수 있다.

당신의 사고가 곧 인생의 흐름을 만든다. 이 사실을 실감할 수 있다면, 당신은 이미 자유를 향한 문을 여는 열쇠를 손에 쥔 것과 같다. 지금까지 당신의 사고가 만들어 놓은 인생의 경계는 얼마든지 넓힐 수 있다.

물론, 갑자기 무언가가 바뀌어 당신의 문제를 마법처럼 해결해 주지는 않는다. 불완전한 삶의 흐름에서 벗어나려면, 일상 속에서 바른 사고를 지속적으로 훈련하고, 내면 깊이에서부터 자신을 성장시켜야 한다. 항상 냉정한 마음을 유지해 모든 일에 균형 잡힌 사고로 대처할 수 있도록 자신을 다스려야 한다.

때로는 비뚤어진 이성과 결핍된 감정이 불쑥 되살아나, 마치 미로 속에 갇힌 듯한 혼란에 빠질 수도 있다. 그러나 대리석을 조각하는 작가처럼, 끈기 있게, 미숙한 마음이 초래한 결과를 마침내 순수한 이상으로 바꾸어낼 때까지 자신의 사고 습관과 끝까지 마주해야 한다.

자신을 변화시켜 가는 내면의 성장은 짧은 시간 안에 완성되지 않는다. 오랜 시간에 걸쳐 차근차근 단계를 밟아가며 더 높은 수준으로 나아가는 과정이다. 그리고 그렇게 천천히, 하지만 확실하게 당신은 더 나은 사고, 더 나은 삶의 흐름을 만들어갈 수 있다.

'수준 향상'의 법칙
사람은 단계를 밟으며 서서히 변해간다.

성장 – 진행 – 진화 – 이해

이것이 바로 자신을 한 단계 높여주는 '수준 향상의 법칙'이다. 그리고 이 성장의 단계마다 경험하는 내면의 변화는 결코 소홀히 하면 안 된다. 단계를 차근차근 밟아가지 않으면 새로운

'나'를 완성하는 일은 불가능하기 때문이다.

공부나 스포츠, 비즈니스 등 어떤 영역이든 무언가를 새롭게 배울 때는 반드시 단계를 밟아 진보해 가듯, 마음의 성장도 마찬가지다. 그러나 대부분 사람은 자신을 다스리는 방법이나 참된 지식을 배우며 올바른 사고로 살아가는 즐거움을 알아가는 과정에서 이 법칙을 따르지 않으려 한다. 결국 아름다운 생각을 삶의 방식으로 실현하지 못하고 중간에 좌절하고 멈추고 마는 것이다. 이유는 명확하다. '마음이 가득 채워져 기쁨을 느끼며 살아가는 인생 따위는 이상일 뿐'이라고 생각하기 때문이다. 고귀한 정신을 따르는 이상적인 인생은 성서의 가르침이나 누군가의 미화된 이야기 속에서나 존재할 뿐, 단순한 정신적 이상론에 불과하다고 생각하는 것이다. 그렇지 않다. 마음의 성장은 실제이며, 그 성장은 단계를 밟으며 현실이 된다.

이해는 작은 과제에서 시작된다

큰 과제에 몰두하려면, 작은 과제부터 완전히 이해하고 처리할 수 있는 능력을 갖추어야 한다. 실제로 경험해 보아야만 진짜 자기 지식이 된다.

수학을 익혀가는 과정을 떠올려보자. 수학을 처음 배우는 학생에게 교사가 갑자기 고차원적인 수식이나 이론을 가르치지는 않는다. 가르쳐본들, 학생이 이해할 리 없기 때문이다. 우선은 간단한 계산 문제부터 가르치고 여러 번 되풀이하며 연습 문제를 풀 수 있도록 지도한다.

올바른 계산법을 익히지 못하면 정확한 답을 낼 수도 없고 그다음 단계를 이해하는 것도 불가능하다. 학생은 하나하나의 과제를 성실히 해결해 가는 과정을 통해 문제의 수준을 높여간다. 그렇게 지식을 차곡차곡 쌓아 여러 문제를 해결할 수 있을 때 비로소 산수를 넘어 수학의 기초 개념을 본격적으로 배우는 길이 열린다. 정비사나 수리공이 기술을 익혀가는 과정도 다르지 않다. 처음에는 간단한 공구의 올바른 사용법부터 배운다. 그리고 얼마간은 그 공구를 사용하는 단순한 작업에 열중한다. 정확한 공구를 사용해 단순한 작업이 가능해지면 다음 일에 도전한다. 그런 순서로 기술을 갈고닦으며 고도의 작업을 처리하는 지식을 갖추게 되는 것이다. 그리고 그렇게 시간이 흐른 뒤에는, 그 작업의 구조나 원리를 설명하는 역학 체계나 이론까지도 깊이 있게 이해할 수 있는 수준에 이르게 된다.

실천이 먼저, 이해는 그다음

예의범절이 엄격한 가정에서 자란 아이는 부모의 말을 따르고 그때그때 상황에 따라 행동을 배우며 성장한다. 부모는 아이에게 일일이 '왜 그렇게 해야 하는지' 설명하지 않는다. 하지만 아이는 그렇게 행동하는 것이 익숙해지면서 그 이유를 차츰 깨닫게 된다.

부모가 먼저 행동을 가르치는 이유는 단순하다. 실행이 지식보다 앞서고, 그 실행이 결국 '이해'로 이어지기 때문이다. 이 원리는 정신적 성장과 마음의 수련에도 고스란히 적용된다.

선행은 단지 그것을 실행하는 것만으로도 그 가치와 기쁨을 알 수 있다. 그것이 바로 '마음이 아는 미덕의 쾌감'이다.

고상한 행동을 반복해서 실천하다 보면 선과 악을 가르는 판단력이 길러지고, 그 판단력은 더 깊이 있는 진실을 꿰뚫어 보는 지식으로 발전한다. 그리고 그 고상한 행동이 완전해질수록 그로부터 얻게 되는 지식 또한 더욱 완전해질 것이다.

이 세계의 진리를 이해하는 유일한 방법은 미덕을 실천하며 쌓아가는 것밖에 없다.

어떤 공부도 간단한 단계부터

수학을 배울 때 산수부터 시작하듯, 마음의 공부 역시 단순한 실행에서부터 시작해야 한다. 기초를 건너뛰고 바로 높은 수준에 도달하려 한다면 결국 이해하지도 못한 채 중도에서 그칠 수밖에 없다. 아이가 학교에서 끊임없이 배우며 성장하듯, 우리 또한 올바른 방식으로 실천해 가는 것만이 자기 마음을 진정한 성숙으로 이끄는 길이다. 가령 실패를 되풀이하더라도 실천을 계속한다면 마음의 성장은 조용히 현실에 드러나게 될 것이다.

금세 결과가 나오지 않더라도 포기하지는 말자. 올바른 사고와 행동을 명심하고 있다면, 어떤 곤란한 상황에서도 실패에 크게 흔들리지 않는 유연하고 강인한 태도를 기를 수 있다.

그리고 '미덕의 쾌감'을 마음 깊이 경험하게 될 때, 그 실천에서 비롯된 지식은 마침내 평온으로 가득 찬 삶이 단지 이상에 그치지 않는 현실임을 당신에게 증명해 줄 것이다.

05
더 나은 삶을 위한
열 가지 좋은 생각 습관

당신의 마음으로 경험하라

마음을 성장시키는 일이 인생을 향상시키는 방법이다. 그 외의 방법은 아무리 그럴듯해 보여도 속임수일 뿐이다. 진실로 통하는 길은 한 가지다.

하지만 이 말이 '세계의 진리를 관통하는 거대한 선언'은 아니다. 이것은 오직 '당신 자신의 마음과 인생'에 관한 이야기다. 그리고 그 진실을 실감하는 가장 좋은 방법은, 간단한 것부터 시작해 보는 것이다. 큰 것을 알려면 작은 것부터 이해해야 한다. 이해하는 데는 실제로 경험해 보는 것이 가장 중요하다.

현실과 마음의 관계를 조금이라도 깨닫고 있다면, 그리고 더욱 멋진 인생을 살고 싶다면, 지금 당장 시도해 보자. 당신의 마음으로 경험해 보는 것이다. 마음은 당신의 '원천'이다. 그리고 당신의 인생을 전개해 줄 '지혜의 보고'다. 그 마음을 더 명쾌하게 만들어가자. 올곧은 기분으로, 온전히 새로운 마음으로 살아갈 수 있도록.

인생을 소중하게 만드는 세 가지 실천, 열 가지 과정

이제부터 세 가지 실천을 시작하자. 모두 열 가지 과정으로 이루어져 있다. 마음속 나쁜 습관을 버리고, 좋은 습관을 받아들이는 방법이다.

실천 1 - 신체
① 마음의 나태한 습관
② 욕구를 관리하지 못하는 습관

실천 2 - 언어
① 뒷담화
② 소문이나 내용 없는 잡담
③ 상처 주는 말, 매정한 말
④ 경박한 말, 예의에 어긋난 대화
⑤ 남 흠집 내는 이야기

실천 3 - 정신
① 공헌하는 자주정신
② 거짓 없는 공정한 정신
③ 용서하는 관용 정신

하나하나 자기 자신의 마음을 점검하면서 실천해 보자.

생활을 바꾸는 일곱 가지 과정

'실천 1'과 '실천 2'의 일곱 가지 항목을 보며 너무나 당연한 일이라고 생각했는가? 하지만 그 당연한 것들이 당신의 일상과 말 속에서 실제로 실천되는지 되돌아보자.

태도와 언어에는 그 사람의 '마음의 모양'이 드러난다. '남들이 내 마음을 들여다보는 건 아닐까?'라고 의식하기보다, '내 마음 안에 아직 바꾸지 못한 나쁜 습관이 남아 있지는 않은가?'를 스스로 묻고 살펴보는 것이 핵심이다.

만약 당신의 태도나 말에 이런 항목들이 있다면 의식적으로 점검해 보자. 마음의 습관은 자각하고 의식함으로써 변화의 문이 열린다. 몇 번이라도 스스로 점검하는 사이, 마음은 자극받고 자신에게 어떤 '마음의 습관'이 어떤 영향을 미치고 있는지 조금씩 보일 것이다.

가장 먼저 실천해야 할 두 가지는 '마음의 나태함'과 '욕구를 조절하지 못하는 습관'이다.

당신은 해야 할 일을 늘 뒤로 미루고 있지는 않은가? 자신에게 좋지 않다는 걸 알면서도 욕구를 조절하지 못한 채 지내고 있지는 않은가? 그렇다면 지금의 당신은 삶의 목적이나 인생의 의미를 잃은 채, 막연하고 무기력한 마음 상태로 살아가고 있다는 징후다.

우선 이 두 가지 습관을 바꾸지 않으면 생기 넘치는 인생은 시작되지 않는다.

실천 1 – 신체
| 과정 1 마음의 나태한 습관을 버리자! |
첫 단계는 단순해 보일 수 있다. 하지만 '마음의 나태한 습관'이 자리 잡고 있는 한, 그다음 다음 단계로는 나아갈 수 없다. 이 나태함은 사고와 행동 전체에 영향을 미치기 때문이다.

마음이 나태한 사람은 대개 몸도 늘어지고, 필요 이상으로 잠을 자려 한다. 해야 할 일이 있어도 미루기 바쁘고, 시작하더라도 끝까지 해내지 못한다. 책임지는 일을 싫어하며, 의무에서 벗어나기 위해 주위의 시선조차 피하려 한다. 이와 같은 상태를 벗어나려면 우선, 수면 시간을 규칙적으로 정해 아침 일찍 일어나는 생활부터 시작해야 한다.

작은 일, 비록 하찮다고 느껴지는 일이라도, 자신에게 주어진 일은 미루지 말고 얼른 해치우는 습관을 기르자. 단지 끝내면 되는 마음이 아니라, 능숙하게 척척, 적극적이며 열정적으로 다가서는 태도를 기억하자.

아침에 눈을 떠도 누운 채 꾸물꾸물 시간을 흘려보내거나 잠자리에 음식을 들고 와 시간을 질질 끌고 있다면, 지금이 바로 그 습관을 과감히 끊어낼 때다. 근심이나 환상에 빠져 아무것도 하지 않고 보내는 시간은 잠깐은 편하고 기분 좋을지 모른다. 하지만 그 안에 갇혀 있는 한, 당신이 정말 원하는 강력하고 순수한 생각은 절대 솟아오르지 않는다. 그 안에서 당신을 건져

낼 수 있는 사람은 오직 당신 자신뿐이다.

조금이라도 생활 방식을 바꾸기 시작하면 마음도 함께 바뀌기 시작한다. 그것이 바로 '마음의 정화'다.

잠자리는 몸을 쉬고 충전하는 공간이지, 게으름과 나태함을 합리화하는 장소가 아니다. 생각하고 행동하려면 몸을 일으키고 눈을 떠야만 한다.

| 과정 2 욕구를 관리하지 못하는 습관을 버리자! |

두 번째는 특히 식사를 조절하며 동물적인 욕구를 관리하는 단계다.

폭음과 폭식은 단지 욕구를 채우는 행위일 뿐, 식사의 본래 목적인 신체에 필요한 에너지를 공급하려는 의도는 사라진 상태다. 단것이나 칼로리가 높은 음식을 몸이 필요로 하는 양 이상으로 먹고 있지는 않는가?

식욕은 조절할 수 있다. 식사 때 반찬 수를 줄이고, 양을 조절하고, 정해진 시간에 식사하며, 간식이나 야식을 참는 것만으로도 큰 효과를 볼 수 있다.

식사를 조절하기 시작하면 그동안 무의식적으로 방치하던 욕구의 습관을 자각하게 된다. 문득 혹은 가끔 자신의 동물적인 욕구 뒤에 따라오던 죄의식이나 자책감으로부터도 점점 자유로워진다.

올바른 식습관은 자연스럽게 마음의 규율을 낳는데, 그것이 '마음의 정화'다. 생활 리듬에 규율이 자리 잡으면 '마음을 고치면 자신이 변한다'라든지, '마음 상태가 달라지면 하루하루가 달라진다'라는 사실을 몸으로 이해하게 된다.

규칙적인 식생활의 중요성을 아는 사람이라면 무질서한 식생활이 몸과 마음에 부정적인 영향을 끼친다는 사실을 이미 알고 있을 것이다. 혹시나 식생활을 바꾸었는데도 뚜렷한 변화가 느껴지지 않는다면, 아직도 개선할 여지가 있다는 신호다.

식사는 즐기는 일이다. 하지만 욕구를 해소하기 위하여 배를 가득 채우고 있다면, 즐기고 있다고 할 수 없다. 음식 고유의 향이나 맛을 음미하며 먹는 행위 그 자체를 즐기자. 맛있는 것이 행복하게 느껴지도록.

- 해야 할 일을 뒤로 미루지 않는다.
- 일이나 임무를 기분 좋게 해낸다.
- 아침에 눈 뜨는 것이 상쾌하다.
- 먹는 것을 즐기며 식사한다.

이러한 변화를 느끼고 있다면, 더 나은 생활의 기초를 마련한 것이다. 신체를 관리하고 조율하는 습관이 익숙해졌다면 다음 단계로 옮겨가자.

실천 2 – 언어

실천 2는 당신이 입에 담는 '말'에 대한 실천이다. 친구나 동료, 가족 등과의 대화 속에서 내가 자주 화제로 삼는 것이 무엇인지 돌아보자.

| 과정 1 뒷담화하는 습관을 버리자! |

혹시 화제의 중심이 남을 비방하는 것은 아닌가? 그 자리에 없는 친구나 동료의 이야기를 나쁘게 표현해서 그 사람의 평판을 깎아내리지는 않는가?

- 자신의 말이 미칠 영향을 고려하지 않는다.
- 남에게 상처를 주고 재미있어한다.
- 말의 겉과 속이 다르다.
- 성실한 태도로 남을 대하는 것이 어렵다.

이런 마음의 습관은 다른 사람을 헐뜯는 말과 태도로 드러난다. 우선, 뒷담화하고 싶은 충동이 올라오는 순간을 알아차리고 말로 내뱉기 전에 한 번 더 생각하자.

마음을 의식하면, 말은 멈출 수 있다. 누군가와 함께 웃으며 대화하는 사이에도 그 사람을 은근히 깎아내리거나, 듣는 사람이 상처받을 수 있는 말을 다른 사람에게 전하지 않도록 하자. 그렇게 조금씩 의식하며 말을 고치다 보면 스스로 격이 높아지고 평판도 따라서 올라가게 된다. 그리고 남을 나쁘게 말하고 싶은 기분도 점차 사라질 것이다.

| 과정 2 소문이나 내용 없는 잡담을 하는 습관을 버리자! |

당신의 대화 주제는 다른 사람의 사생활이나 과거 이야기에 집중되어 있지 않은가? 아무 목적 없이, 중심 없는 이야기만 이어가고 있지는 않은가?

이러한 잡담은 평안하고 건강한 마음 상태가 아니라는 신호일 수 있다. 정신적으로 성숙한 사람은 굳이 잡담하지 않아도 조용히 마음을 다스릴 줄 안다. 또한 필요한 말을 조용하면서도 정확하게 전한다.

기분을 달래기 위한 의미 없는 잡담 대신, 전하고 싶은 것이나 대화의 목적이 무엇인지 생각해 보자.

| 과정 3 상처 주는 말, 마음에 없는 말을 버리자! |

난폭하게 남을 비방하는 말을 내뱉지는 않는가? 상대의 마음을 헤아리지 못하는 말투로 비난하고 있지는 않은가?

사람을 꾸짖어 기를 죽이거나, 고의로 상처를 주려는 말은 자신의 품격을 떨어뜨리는 말일 뿐이다. 누군가를 몰아세우고 싶을 때, 혹은 거칠게 비난하고 싶은 마음이 올라올 때는 먼저 침묵하자. 그리고 조용히 자신의 마음을 바라보자.

설령 상대에게 문제가 있더라도 고상한 사람은 격한 말로 다그치기보다 적절한 말로 진심을 전한다. 상대를 공격하는 대신 순수한 마음에서 나온 말로 이해를 구하면 더 나은 관계로 이끌 수 있다는 점을 기억하자.

|과정 4 경박한 말, 예의에 어긋난 대화 습관을 버리자!|

성의나 진실 없이도 말은 통한다고 생각하는가? 분위기를 띄운다는 이유로 심한 농담이나 상스러운 화제를 꺼내고 있지는 않은가?

- 상대나 주위 사람들을 불쾌하게 한다.
- 도를 넘은 친근감으로 다가간다.
- 사람을 바보처럼 만들어 화제에 올린다.
- 상대의 입장을 고려하지 않고 뻔뻔하게 행동한다.

이러한 분별없는 말과 태도는 그저 상스러울 뿐이다.

예를 들어, 그 자리에 없는 사람을 비웃는다면 그건 그 사람을 희생양 삼아 즐거움을 얻는 것과 다르지 않다. 상대의 입장을 무시하고 무례한 말을 하는 태도는 결국 자신에게조차 소중함이 없다는 증거다. 설령 그 사람을 존경하지는 않더라도, 상대의 입장을 헤아리려는 마음을 가져야 한다. 그 마음 없이 쏟아내는 말은 파렴치한 말일 뿐, 결코 유쾌하거나 위트 있는 농담이 될 수 없다.

아무리 젊어도 무례한 태도는 자신의 가치를 깎아내린다. 또한 나이가 들었거나 사회적인 지위가 높다고 해도 분별없는 말은 대화의 품격을 떨어뜨릴 뿐이다. 지각 있는 사람들의 눈에는 그런 태도가 오히려 애처롭게 비칠 수 있다. 더욱이 그런 사람이 남을 설득하고 이끌려는 위치에 있다면 겉모습만 그럴듯한 지도자, 올바름을 판단하지 못하는 사람으로 보이기 쉽다. 그 모습은 시각장애인이 시각장애인의 손을 끌고 가는 것과 같다.

정신적으로 성숙한 사람은 자연스럽게 위엄과 존중의 태도가 배어난다. 나이와 지위에 상관없이 항상 상대를 존중하고, 모든 사람을 귀하게 여긴다. 현재 없는 사람이나 이미 세상을 떠난 사람에 대해서도 존중과 배려의 마음을 유지할 수 있어야 한다.

자신을 성장시켜 온 사람은 남이 아닌, 자신의 실수담이나 경험담을 꺼내 사람들을 웃게 할 줄 안다. 남을 깎아내려 웃기기보다, 자신의 약점을 드러내며 주변의 분위기를 부드럽게 풀어내는 여유를 지닌다.

경박하고 분별없는 사고를 버리자. 유쾌한 일은 이외에도 많이 있다. 모두가 즐겁게 웃을 수 있는 화제를 나누자.

그 자리에 누가 있든 없든, 사람을 존중하는 마음을 잃지 않는다면 당신의 말은 깊이 울려 퍼져 상대의 마음을 온화하게 감쌀 것이다. 물론 당신 자신의 마음에도 진정한 즐거움이 차오를 것이다.

|과정 5 남 흠집 내는 습관을 버리자!|

누군가의 결점이나 실수를 과장해 말하거나 구구절절 반복하고 있지는 않은가?

- 큰 상자의 구석만 계속 찌르듯이 작은 일에 얽매인다.
- 이치에 맞지 않는 이야기로 발뺌한다.

- 근거 없는 추측이나 확신에 찬 의견으로
  상대를 몰아붙이며 무의미한 말싸움을 건다.

인생은 정말 짧다. 남을 헐뜯는 말로 자신의 정당성을 내세운다 해도 그 말은 결코 내 안의 슬픔이나 아픔을 치유하지 못한다. 남을 부정하고, 그 사람의 말 한마디에서 허점을 찾아 꼬집고 비웃는 태도는 타인의 생각을 받아들일 준비조차 되어 있지 않다는 증거다.

그럴 때일수록 남을 제압하는 방법이 아닌, 자기 말과 태도를 온화하고 세련되게 조율하는 방법을 생각해 보자. 내 생각과 주장을 잠시 내려놓고 상대의 말에 귀 기울여야 한다. 그렇게 마음을 누그러뜨릴 수 있다면, 헛되이 낭비되던 에너지를 차분히 축적해, 혼란스럽던 마음도 조용히 가라앉힐 수 있게 된다. 그리고 그 안에는 진실을 향한 정직한 정신만이 남게 된다.

여기까지 터득했다면, 가치 없는 충동적인 발언은 사라지고, 당신은 더 이상 누군가를 아프게 하거나 제압하려 하지 않게 될 것이다. 대신 배려와 다정함이 담긴 말로 당신의 진심을 전하게 될 것이다.

설령 말하지 않아도 성실한 마음은 반드시 전해진다.

왜 실천이 필요한가?
"정말 이런 '미덕'의 실천으로 인생이 더 나은 방향으로 나아갈 수 있을까?"

"노력하지 않고 더 간단한 방법으로 행복해질 수는 없을까?"

이런 말들이 들려올 듯한데, 당신은 어떠한가? 분명히 말하겠다. 노력하지 않고 마음이 바뀌는 일은 없다. 기본적인 것조차 할 수 없다면 높은 수준인 것도 할 수 없다.

망치나 끌 같은 간단한 도구도 다룰 줄 모르는 사람이 갑자기 탁자를 만들 수는 없다. 마음(정신)도 마찬가지다. 몸의 습관조차 바꾸지 못하면서, 어떻게 진실을 받아들이는 마음(정신)으로 나아갈 수 있겠는가?

마음은 생각과 사고의 결합이다. 그리고 그 마음대로 현실이 나타난다. 영어를 배울 때 알파벳과 간단한 단어부터 차근히 익히듯, 마음속 깊은 변화 역시 작고 단순한 실천에서부터 시작되어야 한다. 그리고 그 단순한 실천을 통해 현실 속 '나'를 변화시킬 때, 서서히 마음이 바뀌고, 새로운 나와 새로운 현실이 태어나기 시작한다.

일도 마찬가지다. 기술을 익히는 데 필요한 연습 기간조차 참을성 있게 버텨내지 못한 사람이 한 사람 몫을 제대로 해내는 기술자가 될 수 있을까? 배운 것을 주의 깊고 정확하게 실천하지 못하는 사람이 자기 생각대로 일을 완성할 수 있을까?

예술 세계에서도 같다. 예술의 진정한 가치를 추구하지 않는 사람이 탁월한 작품을 창조할 수는 없다. 어떠한 분야에서라도 뛰어난 성과를 올리는 사람들은 '좋은 결과를 내고 싶다. 끝까지 완수하고 싶다'라는 생각을 실현하기 위해, 작은 성과부터 차곡차곡 쌓아 올려 목표를 향해 힘을 쏟는다.

진실을 추구하는 마음

"앨런 씨의 말이 옳을지도 모르지만, 너무 엄격해요."

"굳이 이런 도덕적인 노력을 하지 않아도 저는 제가 원하는 현실을 충분히 이룰 수 있어요."

이런 목소리도 들려오는 듯하다.

그렇게 생각하는 사람은 자신이 진정 바라는 것이 무엇인지 모르거나, 마음의 근원을 잃어버려 목표를 상실한 채 번민의 숲에서 길을 잃고 헤매는 사람이다. 지금은 괜찮다 하더라도 언제든 그런 때가 닥칠 수 있다. 그리고 그런 마음 상태로는 평온하고 강인한 내면을 바탕으로 창조적인 인생을 펼쳐가기도 어려울 것이다. 연애나 결혼에서도 진정한 사랑을 알지 못한 채로는 마음에서 우러나오는 깊은 신뢰와 사랑을 쌓기 어렵다.

'진실'을 마음 깊이 추구하는 사람은 스스로 '진실'을 느끼고 실천할 생각이 있어서 그렇게 하는 것이다. 그가 바라는 것은 편안하고 쉬운 길이 아니라, 때로는 어렵고 인내가 필요한 길일지라도 기꺼이 기쁨으로 받아들이는 마음이다.

끈기 있게, 실제로 마음으로 느끼며 경험하지 않으면 진정한 지식도, 지혜도 자신의 것이 될 수 없다.

좋은 습관과 함께 얻게 되는 쾌감

'실천 1'과 '실천 2'는 마음의 바람직하지 못한 상태가 현실에 영향을 미친다는 사실을 체감하기 위한 과정이다.

나태한 신체는 나태한 마음에서부터, 욕망을 억제할 수 없는 무절제한 생활은 절제하지 못하는 마음에서부터, 그리고 상처 주는 말은 상처 주고 싶은 감정이나 생각을 지닌 마음에서부터, 배려나 성의 없는 의사소통은 배려와 성의가 없는 마음에서부터 비롯된다.

어떠한가? 마음속 생각이나 사고가 어김없이 말과 행동으로 드러난다는 점을 느낄 수 있을 것이다. 그리고 각 실천 과정에서 제시한 마음의 습관에 대한 조언은 실제로 마음의 상태를 변화시키는 방법이다.

핵심은 나쁜 습관을 버리고, 좋은 습관을 받아들이는 것이다. 지금까지의 실천들은 작고 부분적인 문제에 관한 것이었다.

'실천 1'의 첫째, 마음의 나태한 습관, 둘째, 욕망을 관리하지 못하는 습관과 씨름하다 보면, 자기에게 해로운 욕망을 억제하는 습관, 시간이나 규칙을 지키는 습관, 자기 의지로 나쁜 것을 거절하는 습관이 길러진다.

몸에 밴 좋은 습관은 당신이 무언가 새로운 일에 도전하여 끝까지 완수하려 할 때, 강인한 의지나 힘이 되어줄 것이다.

'실천 2'의 말과 대화에 관한 실천을 거치면 성의·솔직함·존중·배려, 그리고 자기조절이 몸에 배어 안정된 정신으로 말하고 행동하는 목적을 명확하게 해준다.

그 결과, 사소한 감정의 동요도 진정시킬 수 있게 된다. 물론 그것을 기초로 하여 더 높은 수준의 정신을 구축해 거기에 걸맞은 훌륭한 인생을 실현할 가능성도 커진다.

올바른 것을 바르게 실천해 간다면 현실을 보는 눈과 삶에 대한 통찰력이 깊어진다. 어린아이가 새로운 것을 터득했을 때처럼, 실천의 과정에서 하나하나 과제를 극복할 때마다 이전에는 경험하지 못한 쾌감이 마음 깊은 곳에서 솟아날 것이다.

실천 3 - 정신

자, 이제 세 번째 실천의 시작이다. 여기에서는 세 가지 핵심 사항을 배워갈 것이다.

- 공헌하는 자주정신
- 거짓 없는 공정한 정신
- 용서하는 관용 정신

지금까지의 두 실천은 표면적으로 드러난 행동과 말의 습관을 조정함으로써 마음을 자극해 왔다. 이제부터는 마음의 깊은 동기를 조정하여 정신을 정화하는 과정이다.

조금 더 어렵게 느껴질 수도 있겠지만, 앞의 두 가지 실천을 통해 당신은 이미 충분한 준비를 마친 상태다.

거듭 말하지만, 올바른 실천 없이는 높은 수준에 이를 수 없다. 더 나은 현실을 살아가기 위해서는 정신을 향상시키려는 노력도 반드시 필요하다.

정신은 '미덕'을 아는 데서 시작해, 그 미덕을 삶에 실천하며 성장해 간다. 그리고 미덕의 정신 없이는 이 세계의 진실을 온전히 이해할 수 없다.

|과정 1 공헌하는 자주정신을 획득하자!|

'의무'라는 말을 들으면 어떤 생각이 드는가? 무겁고 귀찮게 느껴지는가? 어쩔 수 없이 해야 하는 일처럼 느껴져 가능하면 피하고 싶다는 생각이 들지도 모른다.

'의무'를 그렇게 느끼는 이유는 마음속 어딘가에 '자신에게 이익이 되는 일만 하겠다'는 생각이 자리하고 있기 때문이다. 그런 사람은 타인이나 사회 전체의 이익은 고려하지 않는 '이기적인 사고'를 우선시한다. 그것이야말로 현실을 왜곡하는 마음의 뿌리다.

의무는 마지못해 하는 것이 아니라, 기분 좋게 받아들여서 하는 것이다. 정해진 규칙 속에서 자신의 역할을 충실히 다하는 것은 단체나 조직 그리고 사회에 공헌하는 일이다.

오만한 생각을 버리고 맡겨진 일을 '기꺼이' 받아들여 보자. 그러면 억지로 하고 있다는 생각 대신, 역할을 다하고 있다는 기쁨이 자연스럽게 생길 것이다.

강제로 받아들이면 당연히 지루하고 짜증이 난다. '내가 할 일이 아닌데……'라는 마음으로 임하면 일은 더 무겁게 느껴지고, 불평은 더 커진다. 그 짜증은 일이 주는 부담 때문이 아니라, 조절되지 않는 욕구가 저항하며 만들어내는 감정이다.

의무를 게을리하는 사람은 그것이 사소한 일이든, 공적인 일이든, 사적인 일이든 자신의 역할을 제대로 감당해 내기 어렵다. 왜냐하면 마음속에서 이미 '해야 한다'는 책임감보다 '하기 싫다'는 반항심이 먼저 떠오르기 때문이다. 하지만 어떤 일이든 정확하고 충실하게 몰두해 보면 이기적이고 간사한 생각은 서서히 사라지고 진실을 향한 마음가짐이 자리 잡는다.

정신적으로 성숙한 사람은 설령 그것이 의무라고 해도 맡은 일에 책임을 다하고 잘 해내기 위해 온 힘을 쏟는 법이다.

| 과정 2 거짓 없는 공정한 정신을 획득하자! |

공정한 정신은 자신의 판단으로 마음속에 확립해 가는 태도다. 그리고 이 정신은 인생의 모든 영역과 깊이 관련되어 있다.

부정·사기·책략·허위 진술. 이 모든 행위는 어떤 상황에서도 자신에게 허락하면 안 된다. 마음속 어딘가에 '이 정도는 괜찮겠지', '들키지만 않으면 돼'라는 생각이 있다면 그 생각부터 단호히 떨쳐내야 한다. 그런 구실과 핑계는 결국 자신의 중심을 흐리고 삶의 바른 길에서 멀어지게 한다.

말은 진실을 전하기 위한 수단이다. 과장하거나 왜곡하기 위해 존재하는 것이 아니다. 사소한 거짓이나 속임수라 해도 그것으로 만들어진 명예나 평판은 그저 허위로 만들어진 환상일 뿐이다. 허무한 환상은 마음에서 쫓아내자.

정신이 고귀한 사람은 자신의 생각과 사고를 정직하게 실행한다. 말과 행동에 거짓이나 속임수가 없다. 진실을 감추기 위해 말을 흐리거나 핵심을 생략하지 않는다. 오로지 있는 그대로의 진실만을 정확히 전한다.

이처럼 자기 안에 성실하고 공정한 정신이 뿌리내리면 다른 사람을 차별 없이 대할 수 있게 되고, 매사를 올바르게 판단하여 적절히 대응할 힘이 생긴다. 이미지나 브랜드에 속지도 않는다. 선입관이나 편견으로 세상을 재단하지 않고, 올곧은 마음으로 현실을 직시한다.

자신의 이익이나 입장에만 매몰되지 않고, 공정한 사고로 사물과 사람을 바라보게 된다. 또한 감정의 격랑이나 잘못된 생각으로 현실을 왜곡하지 않도록 순수한 마음을 유지하게 된다.

당신 안에 공정한 정신이 확실히 자리 잡는 순간부터, 스스로에게도 거짓이 통하지 않게 된다. 그 순간, 넓은 지식과 풍부한 지혜, 고결한 인간성을 갖춘 당신은 삶의 새로운 의미와 목적을 마주하게 될 것이다. 그리고 마음속에서는 전에는 없던 강력한 힘이 솟아남을 경험하게 될 것이다.

| 과정 3 용서하는 관용 정신을 획득하자! |

자, 이제 마지막 단계인 관용 정신의 실천만이 남았다. 우선 자신을 피해자처럼 느끼는 마음에서 벗어나자. 피해자 의식은 대개 허무함, 이기심, 허영심에서 비롯된다.

보답을 바라지 않는 마음으로 다른 사람을 깊이 배려하고, 모든 것에 넓은 마음을 갖도록 노력하자.

당신은 마음속으로 무언가에 대한 원망이나 복수하고 싶다는 생각을 가지고 있지는 않은가? 과거의 상처에 얽매여 '언젠가 내가 크게 성공해서 세상에 보여주겠다'는 앙갚음의 욕망을 품고 있지는 않은가? 그런 생각들은 정말로 하찮고 보잘것없는 것이다. 억울함이나 원망을 계속 품고 복수심을 에너지 삼아 살아가는 일은 생각할 가치조차 없는 삶의 방식이다.

악의를 품은 채 살아가는 사람은 결코 괴로움이나 번민에서 벗어날 수 없다. 현명한 사람은 그런 감정에 노심초사하지 않는다. 인생을 더 나은 방향으로 이끌고 싶다면, 마음속 아름다운 목적에서 동떨어진 생각은 하지 말아야 한다.

어리석고 편협한 생각은 진실을 바라보는 당신의 눈을 흐릴 뿐이다. 누군가를 용서하고, 과거의 일에 묶이지 않는 마음 없이는 창조적이고 아름다운 삶을 이해할 수도, 그 길로 나아갈 수도 없다.

강인하면서도 부드러운 정신을 길러온 사람은 과거의 상처나 억울함을 질질 끌어 마음에 두지 않는다. 그의 마음에는 가치 있는 목적만이 용솟음치고, 복수심은 이미 먼 뒤로 사라진 감정일 뿐이다. 그리고 그런 사람의 마음에는 더 이상 '적'이라는 개념조차 존재하지 않는다. 설령 누군가가 자신을 적대하거나 경쟁자로 여기더라도, 호의를 잃지 않고 상황을 지켜보는 여유를 가진다.

그와 같은 마음 상태로 있을 수 있다면 자신의 인생에 책임을 지지 않고 남에게 기대려는 제멋대로인 마음을 극복하는 훈련은 끝났다.

모든 것은 스스로 결정하자

지금까지 실천해 온 열 가지 과정은 지혜와 기쁨으로 나아가기 위한 준비다. 이 실천들은 깨달음으로 향하는 첫걸음, 작지만 분명한 단계였다.

하나하나 정성껏 실천하고, 그 안에서 배움을 얻는 동안 당신의 마음은 조금씩 정화되고 단련될 것이다. 그리고 어느 순간, 삶을 바라보는 시선과 마음의 무게가 달라졌음을 느끼게 될 것이다. 그렇게 변화된 당신은 더 이상 어두운 숲길 한가운데에 홀로 버려진 듯한 외로움에 사로잡히지 않을 것이다.

그래도 당신은 '진실을 향한 길은 좁고 험하다'고 느낄지도 모른다. 그럴수록 중요한 질문은 하나. 그 길을 계속 걸어갈 것인가? 멈출 것인가? 그 선택은 오직 당신 자신 몫이다. 이 실천들을 진정으로 '나의 삶'으로 만들지, 아닐지도 당신 스스로 결정하는 것이다.

내 삶의 방향을 올바른 길 위에 놓을지 말지도 누군가가 대신 정해줄 수 없다. 이 길을 직접 걷고 경험할지, 혹은 외면한 채 머물러 있을지 결국 선택은 둘 중 하나다. 그리고 그 선택은 오직 '나 자신'을 위한 것이면서 동시에 우리가 살아가는 이 세계에 의미를 더하는 길이기도 하다.

설령 지금 당신이 진실 같은 건 추구하고 있지 않다고 해도 이 실천들은 분명 당신을 더 지혜롭고 고결한 판단력으로 이끌 것이다. 그리고 무엇보다 당신 안의 평화를 더 깊고 단단하게 만들어줄 것이다.

마음이 바뀌면 추구하는 것도 바뀐다

마음이 바뀌면 그 마음이 향하는 방향도 달라진다. 눈에 보이는 풍요만이 평화와 행복을 가져다준다고 믿던 생각은 자연스레 수정되기 시작한다. 그뿐 아니라 순수한 마음으로 포착한 현실 속에 지금껏 보이지 않던 꽤 많은 것이 묻혀 있음을 발견하게 된다.

또한 당신 내면에서는 끈기 있게 계속 추진할 수 있는 강인함이 길러진다. 그 힘은 당신이 진정 바라는 삶을 이루기 위해 반드시 필요한 추진력이 된다.

당신은 지금 무엇을 바라고 살고 있는가? 어떤 성공을 꿈꾸고, 어떤 기쁨으로 가득한 인생을 바라고 있는가?

이 세상의 아름다움을 만끽하고 멋진 인생을 실현하고 있는 사람은 하찮은 것에 마음을 빼앗겨 에너지를 쓸데없이 허비하지 않는다. 그것은 그 사람이 자신에게 해로운 마음의 습관을 놓아버렸고, 몸과 마음을 더 잘 조율하는 방법을 익혀왔기 때문이다.

무엇보다 당신에게 꼭 전하고 싶은 것은, 마음 그대로 행복한 현실에서 살아가는 사람들은 자신이 결정한 길을 흔들리지 않는 마음으로 성실하게 고결한 정신과 함께 걸어왔다는 사실이다.

06

마음에서 생겨나는
원인과 결과의 관계

인생이 즐겁지 않은 것은 그 이유를 모르기 때문이다

사랑은 마음 가장 깊은 곳에서 흘러나온다. 지혜는 의식의 저 깊숙한 자리에 숨어 있다. 그리고 평온함이 머무는 세계는 마음 구석구석까지 잔잔하게 퍼져나간다.

사랑과 지혜를 겸비한 그 마음에 더욱 빛이 들어오기를.

그리고 평화의 빛이 더욱 넓게 퍼지기를.

현실을 만들어내는 것은 '마음'이다. 그 마음이 깊은 안개에 가려 앞이 보이지 않을 정도로 어두워졌다면 그 원인을 먼저 알아야 한다.

마음을 무겁게 짓누르는 안개는 잘못된 사고나 어두운 생각이 오래도록 마음을 차지해 버렸기 때문이다. 사실 우리는 무엇이 올바른 사고인지, 어떻게 밝은 생각을 할 수 있는지를 전혀 모르지는 않는다. 단지 그 방향을 잊었거나 외면했을 뿐이다.

인생은 학교와 같다. 수업 내용을 이해하지 못하는 학생에게 학교는 즐거운 곳이 아니다. 수업을 즐기려면, 모르는 부분을 알기 위해 공부할 수밖에 없다. 그 원리는 우리 인생에도 그대로 적용된다.

인생은 노력의 연속

당신의 사고나 생각이 현실을 움직이는 더 큰 흐름의 궤도에 올라설 수 있다면, 인생은 지금보다 훨씬 잘 풀리는 것처럼 느껴질 것이다. 그러나 그 방법은 각자의 인생에서 단계를 밟으면서 배워가는 것이다.

혹시 지금, 당신의 현실에 무언가 문제가 있다면, 당신의 사고를 직시해 보자. 당신이 원하지 않는 상황에 놓여 있다면, 당신의 생각을 살펴보자. 눈을 감고 현실을 외면할 수도 있다. 어떤 상황에서 도망칠 수도 있다. 그래도 그 현실을 받아들이는 '마음의 원인', 즉 생각과 사고를 바꾸지 않는 한 같은 상태는 다시, 또 다시 되풀이된다.

인생은 노력의 연속이다. 현실과 마음의 관계를 무시한 채, 자기 내면의 어지러움을 방치하면 마음은 계속 흐려지고, 삶은 반복해서 제자리를 맴돌 것이다. 자신의 마음과 현실을 마주하고 생각과 사고를 향상시켜 가면 지혜도 자라난다. 당신을 괴롭히던 무거운 생각과 습관을 맑고 아름다운 생각으로 바꾸어나갈 때, 마음은 더없이 가벼워진다. 그리고 현실이 조금씩 변화하기 시작한다. 마음의 빛을 어리석음으로 가로막지 않도록 오늘도 그리고 내일도 작은 노력을 멈추지 말자.

마음의 방향이 현실의 흐름을 바꾼다

행복은 좋은 생각이나 사고와 함께 넓어진다. 나쁜 사건이나 정체된 상황은 저속한 생각이나 감정이 커졌을 때나 잘못된 사고의 방향으로 마음이 기울어 있을 때 다가온다.

그리고 그 모든 이면에는 정신의 균형이라는 핵심이 놓여 있다. 균형 잡힌 건전한 정신은 행복한 현실을 불러들이지만, 불균형한 정신은 비뚤어진 현실을 마음에 비춘다.

마음이 좋은 방향으로 움직이면 인생도 좋은 흐름을 타게 된다. 반대로, 마음이 나쁜 방향으로 움직이면 고민이나 괴로움이 함께 따라오고 인생 역시 나쁜 쪽으로 흘러간다.

우리 삶의 고통과 혼란은 잘못된 뿌리를 가진 생각과 사고에서 비롯된다. 그리고 그 잘못을 스스로 깨닫고 고쳐감으로써 기쁨이 생겨난다.

인생의 흐름을 좋은 쪽으로 바꾸려면, 지금 나를 괴롭히는 원인이 무엇인지 정직하게 마주해야 한다. 그 원인은 바로 스스로도 인식하지 못한 채 마음속에 남아 있는 오해 안에 숨어 있다.

잘못된 방향으로 나아가고 있는 마음에는 속박과 불안이 자리잡고 있다. 좋은 쪽으로 움직이고 있는 마음에는 자유와 평온함이 퍼져간다. 속박과 불안에서 마음을 해방시키자. 자유와 평온함을 향해 무지와 과오로 덮여 있는 마음의 방향을 바꾸어가자.

나쁜 결과를 부르는 마음의 원인

다음 표는 마음의 감정이나 생각, 사고방식(원인)과 그로부터 비롯되는 행동이나 사건, 삶의 흐름 상황(결과)의 관계를 나타낸 것이다.

예로 든 마음의 원인들은 공통적으로 현실을 부정적으로 바라보는 태도를 만든다. 자신에게서 부족한 부분으로 현실을 어둡게 물들이고 그것을 자신의 마음으로 되돌린다. 그러한 마음의 상태에 적극적으로 전진하는 힘은 없다. 현실을 올바로 보는 힘도 부족하다. 마음을 어둡게 물들이는 사고는 능력이 아니라, 무지와 에너지의 남용이다.

원인	결과
증오, 혐오	모욕, 폭력, 마찰, 고통
강한 욕구, 갈망	혼란, 후회, 불명예, 비참함
욕심, 탐욕	공포, 불안, 불운, 손실
자만, 거만	실의, 억울함, 지식의 결여
허영심	빈곤, 굴욕, 한탄
비난하는 생각 (결정이나 과실을 탓하는 생각)	박해, 학대, 타인으로부터의 증오
악의, 반감	실패, 마찰
제멋대로, 자기 본위	고통, 비참함, 평가의 상실, 난폭함, 불결, 병, 나태
화	힘의 상실, 신뢰의 상실
의존	마찰, 어리석은 행위, 후회, 불안, 고독

예를 들어보자. 마음에 미움이나 혐오의 감정이 자리하고 있다면, 사랑의 능력은 자취를 감춘다. 미움은 진정한 사랑을 이해

하는 능력을 가로막고, 결국 그 사람은 사랑을 잃은 고통을 겪게 된다. 하지만 반대로, 증오 대신 사랑에 눈뜨고 그 사랑을 키워가기 시작한다면 미움은 그 모습을 감춘다. 더 많은 사랑을 품을수록 우리는 점차 깨닫게 된다. 증오에는 밝은 현실을 만들어내는 힘이 없다는 것을. 그리고 그 감정이 결국 자기 자신에게만 우울과 슬픔을 안겨준다는 사실을.

현실에서 일어나는 유쾌하지 못한 사건이나 마음을 침울하게 하는 사소한 상황은 모두 마음의 원인과 이어져 있다. 그 원인을 마음에서 찾아내고 스스로 깨달아 좋은 것으로 바꾸어나가는 법을 배워가자. 그것이 자신의 실천이다.

좋은 결과를 부르는 마음의 능력

다음 표는 마음이 키워내는 좋은 능력(원인)과 그 힘이 자신에게 가져오는 효과(결과)의 관계를 나타내고 있다.

여기에 예로 든 능력들은 현실에 대한 긍정적인 마음의 자세를 만든다. 전진하는 힘과 미래를 개척해 나갈 지식으로 넘쳐, 살아 있는 환희를 느끼면서 밝은 인생을 창조해 가는 마음의 상태다.

유능한 사람, 자기 능력을 살리면서 살아가는 사람들은 인생에 가치를 부여하는 일의 소중함을 잘 알고 있다. 직면한 문제 속에서 무엇이 옳고, 무엇이 그른지를 밝혀나가자. 그러면 그것은 자기 자신이 살아가는 데 필요한 지식과 지혜로 바뀐다.

능력	효과
사랑	인심, 기쁨, 행운
순수함	지적인 밝음, 확실한 자신, 성공
무사무욕 (사욕에 치우치지 않는 사고)	용기, 만족감, 행복감, 풍족함
겸허함	차분함, 안정, 진정한 지식
평온함	균형, 충실함, 안심
배려	보호, 타인으로부터의 사랑과 경의
호의	기쁨, 성공
자기 조정	마음의 평화, 바른 판단, 세련된 행동, 건강, 명예
인내, 강한 끈기	정신적인 힘, 커다란 영향력
자기 극복	지도력, 지혜, 통찰력, 깊은 평온함

누구나 가진 양심과 정의의 감각에 따라 옳은 방식을 배워간다면 배운 만큼 마음의 능력도 더 정밀하고 단단하게 자신 안에 자리 잡게 된다.

인생에서 얻는 좋은 결과는 언제나 선의나 양심, 정의에 뿌리를 둔 마음의 능력에 상응하는 것이다. 아름답고 정의로운 삶을 살아갈수록 현실 속 행복도 차츰차츰 커져간다.

인생을 소중하게 만들고 싶은 사람에게

좋지 않은 결과를 초래하는 마음의 원인에 사로잡힌 사람은 자기 안에 얼마나 소중한 마음의 능력이 숨어 있는지조차 알지 못한다. 그것뿐만 아니라, 자기가 가진 마음의 습관이 인생에 어떤 영향을 미치는지도 깨닫지 못하는 경우가 많다. 결국 자기 삶에 영향을 미치는 원인을 인식할 수 없게 되고, 지식도 지혜도 자기 안에 있다는 사실조차 모르고 살아가게 된다. 어쩌면 '지식과 지혜가 부족하다'는 것조차 인식하지 못한 채, 어둠 속을 계속 걷고 있을지도 모른다.

현실에서 환희와 기쁨을 느끼지 못하면서도 그 원인을 자기 마음속이 아닌 다른 사람, 환경, 운명 탓으로 돌리고 있지는 않은가? 그리고 현실이 주는 중요한 과제를 이해하지 못한 채, 단지 참고 견디거나 구원의 출구만 찾아 헤매는 데 시간을 쓰고 있지는 않은가?

삶의 사건들은 언제나 올바르고 적절한 경로가 있음을 알려주는 표지판이기도 하다. 그것을 깨닫지 못한다면, 기분은 우울해지고, 밝게 개지 않는 날들만 이어질 수도 있다. 그러니 인생을 소중한 것으로 만들고 싶은 사람이라면, 무엇보다 먼저 '나쁜 결과를 불러오는 마음의 원인'을 알아차리고 버려야 한다. 그리고 오해나 감정에 물들지 않는 올곧은 사고로, 작고 좋은 일이라도 하나씩 실행해 보자.

당신의 마음에 괴로움과 불안이 있다면 그 원인을 당신의 마음 안에서 찾아보라. 당신에게 행복을 가져다주지 않는 생각이라면 스스로 그것을 물리쳐라. 만약 당신이 지금 진정한 행복 속에 살고 있지 않다고 느낀다면, 마음의 나쁜 버릇을 하나하나 줄여가자. 그리고 마음의 좋은 버릇을 하나하나 늘려가자.

좋은 마음의 습관은 당신을 지킬 것이다.

07

다시 태어난
당신에게 보내는 메시지

 진실을 추구하는 사람, 미덕을 사랑하는 사람, 지혜를 기르고자 하는 사람, 슬픔에 의욕을 잃은 사람, 인생의 허무함을 느끼는 사람, 그리고 고요하고 평온한 삶을 깊이 열망하는 사람. 이제 성장의 문을 열고, 더 나은 인생을 체험해 보자. 자신을 속이는 생각을 멈추고, 있는 그대로 자신을 바라보자. 완전히 새로운 마음으로, 아름다운 길로 시선을 돌리자. 진실로 향하는 길에 나태함은 없다.

 때로는 힘을 회복하려 잠시 멈추더라도, 산 정상에 오르려면 묵묵히 올라야 한다. 정상이 비록 화려하진 않아도, 한 점 흐림 없는 그곳을 향하는 길은 찬란하다. 그 길을 매일 오르며 나 자신을 단련하는 삶은 멋진 일이다. 그 끝에서 당신은 마음으로 진정한 무언가를 알게 될 것이다.

아침에 눈을 뜨면 조용하고 깊이 명상하라. 마음을 가다듬고, 연약함에 흔들리지 않도록 하루를 시작하라. 유혹은 준비되지 않은 마음에 쉽게 들어온다. 고요한 시간에 마음을 단단히 다져야 한다. 느끼고, 깨닫고, 이해하는 것을 배우는 연습을 거듭하라. 올바르게 이해하려는 마음이 자라면, 잘못된 충동은 자연히 사라진다.

올바른 이해는 꾸준한 마음공부를 통해 자란다. 그 공부 없이 진실에 다다를 수는 없다. 인내는 노력과 실천 속에서 자라고, 그 인내는 결국 실천을 아름답게 만든다.

조급한 사람과 자기중심적인 사람은 마음공부를 번거롭게 여긴다. 그래서 느슨하고 혼란스러운 삶에 머문다. 하지만 진실을 사랑하는 사람은 그것을 기꺼이 받아들이고, 기다리고, 실행하고, 결국 이겨낼 끈기를 자기 안에서 발견한다. 마치 정원사가 매일 자라는 꽃을 바라보며 기뻐하듯, 당신도 마음속에서 순수함과 지혜, 배려와 사랑이 자라는 모습을 지켜보며 기뻐하게 될 것이다.

자유롭게 살아가려면, 방종한 삶으로는 벗어날 수 없다. 마음을 다스리지 못하면 열정의 거센 파도 앞에 무너진다.

그러니 진실을 사랑하는 이여, 마음을 단단히 가다듬자. 주의 깊고, 사려 깊고, 흔들림 없이 나아가자. 구원의 열쇠는 당신 손에 있다. 필요한 건 오직 마음의 준비와 실천뿐이다. 열 번 실패해도 낙담하지 말고, 백 번 실패해도 다시 일어나 가던 길을 계속 가자. 천 번 실패하더라도 좌절하지 말자. 길을 걷는 것을 멈추지만 않는다면, 성공은 반드시 다가온다.

그것은 처음엔 싸움이요, 그다음은 승리다. 처음엔 고생이요, 그다음은 평온이다. 약함은 강함으로, 혼란은 고요로 바뀐다. 그리고 마침내, 인생의 아름다움이 당신 앞에 펼쳐질 것이다.

우리 일상에 흔한 일들, 하루하루의 모든 사건,
그날그날 시작되고 끝나는 일들.
그 안에 우리의 기쁨과 불만이 있고,
그것은 우리가 한 걸음씩 올라설 수 있는 계단이다.
우리에겐 날개는 없지만,
오르고 또 걸어갈 두 발이 있다.

- 롱펠로 -

특별부록

30일 응용
생각 실천 일기

보기와 다시 보기

'본다(view)'와 '다시 본다(review)'에는 커다란 차이가 있다. 있었던 일을 곰곰 되새기며 보는 것이 다시 보기다.

어느 신부님이 중학교 때, 저녁이면 텔레비전에서 뉴스만 이 방송 저 방송 계속 보던 아버지에게 질려 한마디 했다. "아버지, 뉴스 말고 다른 거 보면 안 돼요?" 그 말에 화가 난 아버지는 아들을 닥치는 대로 팼다. 아들은 맞으면서 '이게 이렇게 맞을 일인가?' 싶어 서럽고 억울했다. 그 후 아들은 아버지가 더 싫어지고 무서워졌다. 그날의 상처는 30년 넘게 트라우마로 남아 신부가 되고 나서도 사라지지 않았다.

어느 날 신부님은 마음속 상처를 푸는 집단상담 시간에 그날의 일을 솔직하게 이야기했다. 그 말을 들은 진행자 수녀님이 눈을 동그랗게 뜨더니 감탄하며 신부님에게 말했다.

"와아! 그때부터 신부님은 자기주장을 시작하신 거네요."

순간 신부는 그날의 일이 완전히 다르게 보였다. 아버지에게 매 맞은 기억이었던 일이 처음으로 아버지에게 내 주장을 표현한 일로 바뀐 것이다. '그랬네, 맞아. 그때부터 나는 내 욕구와 의견을 표현하기 시작했네. 그리고 지금도 내 주장을 신도들에게, 사람들에게 하고 있는 거네.' 그날 이후 신부님에게 그 사건은 더 이상 상처의 기억이 아니라, 자랑스러운 자기표현의 역사적 기념으로 남게 되었다.

'다시 보기'는 단편적이고 미숙했던 판단을 전혀 다른 시각에서 성숙하게 바라보게 해주는 마술이다. 마음이 술술 풀린다고 마술이 아닐까. 그렇게 생각하면 다시 보기는 아프고 닫혔던 우리 마음을 새롭게 열리도록 술술 풀어주는 마술과 같다.

가게에서 장난감을 사달라고 떼쓰는 아이는 '다시 보기'를 하면 자기가 원하는 것을 들어달라고 아이만의 방식으로 부탁하는 것이다. 떼쓰는 아이는 혼내고 야단쳐야 하지만, 부탁하는 아이라면 마음을 읽어주고 사정을 잘 설명해 주어야 한다. 일어난 현상을 감각적으로 보느냐, 이성적으로 다시 보느냐에 따라 아이를 대하는 것이 다를 수밖에 없다.

가정이나 직장에서 그리고 세상에서 날마다 일어나는 어려운 일과 나를 힘들게 하는 사람에 대해 '다시 보기 렌즈'를 사용하면, 우리는 더 깊이 더 넓게 사건과 사람의 본질을 이해하게 되고 새로운 깨달음을 얻게 된다.

다시 보기가 우리를 자유롭게 하리라. 다시 보기 연습을 통해 새로운 세계를 열어보자.

오늘도 좋은 날이다
오늘도 나는 배울 것이다

년   월   일

오늘 일어났던 기분 상했던 일은?

View : 그 일에 대해 처음 든 생각은?

Review : 다시 생각해 보니 드는 생각은?

오늘 내 기분을 상하게 했던 사람은?

View : 그 사람에 대해 처음 든 생각은?

Review : 다시 생각해 보니 드는 생각은?

오늘도 좋은 날이었다
오늘도 나는 배웠다

오늘도 좋은 날이다
오늘도 나는 배울 것이다

년　월　일

오늘 일어났던 기분 상했던 일은?

View : 그 일에 대해 처음 든 생각은?

Review : 다시 생각해 보니 드는 생각은?

오늘 내 기분을 상하게 했던 사람은?

View : 그 사람에 대해 처음 든 생각은?

Review : 다시 생각해 보니 드는 생각은?

오늘도 좋은 날이었다
오늘도 나는 배웠다

오늘도 좋은 날이다   년   월   일
오늘도 나는 배울 것이다

오늘 일어났던 기분 상했던 일은?

View : 그 일에 대해 처음 든 생각은?

Review : 다시 생각해 보니 드는 생각은?

오늘 내 기분을 상하게 했던 사람은?

View : 그 사람에 대해 처음 든 생각은?

Review : 다시 생각해 보니 드는 생각은?

오늘도 좋은 날이었다
오늘도 나는 배웠다

오늘도 좋은 날이다   년   월   일
오늘도 나는 배울 것이다

오늘 일어났던 기분 상했던 일은?

View : 그 일에 대해 처음 든 생각은?

Review : 다시 생각해 보니 드는 생각은?

오늘 내 기분을 상하게 했던 사람은?

View : 그 사람에 대해 처음 든 생각은?

Review : 다시 생각해 보니 드는 생각은?

오늘도 좋은 날이었다
오늘도 나는 배웠다

오늘도 좋은 날이다   년   월   일
오늘도 나는 배울 것이다

오늘 일어났던 기분 상했던 일은?

View : 그 일에 대해 처음 든 생각은?

Review : 다시 생각해 보니 드는 생각은?

오늘 내 기분을 상하게 했던 사람은?

View : 그 사람에 대해 처음 든 생각은?

Review : 다시 생각해 보니 드는 생각은?

오늘도 좋은 날이었다
오늘도 나는 배웠다

오늘도 좋은 날이다 년 월 일
오늘도 나는 배울 것이다

오늘 일어났던 기분 상했던 일은?

View : 그 일에 대해 처음 든 생각은?

Review : 다시 생각해 보니 드는 생각은?

오늘 내 기분을 상하게 했던 사람은?

View : 그 사람에 대해 처음 든 생각은?

Review : 다시 생각해 보니 드는 생각은?

오늘도 좋은 날이었다
오늘도 나는 배웠다

오늘도 좋은 날이다   년   월   일
오늘도 나는 배울 것이다

오늘 일어났던 기분 상했던 일은?

View : 그 일에 대해 처음 든 생각은?

Review : 다시 생각해 보니 드는 생각은?

오늘 내 기분을 상하게 했던 사람은?

View : 그 사람에 대해 처음 든 생각은?

Review : 다시 생각해 보니 드는 생각은?

오늘도 좋은 날이었다
오늘도 나는 배웠다

오늘도 좋은 날이다
오늘도 나는 배울 것이다

년   월   일

오늘 일어났던 기분 상했던 일은?

View : 그 일에 대해 처음 든 생각은?

Review : 다시 생각해 보니 드는 생각은?

오늘 내 기분을 상하게 했던 사람은?

View : 그 사람에 대해 처음 든 생각은?

Review : 다시 생각해 보니 드는 생각은?

오늘도 좋은 날이었다
오늘도 나는 배웠다

오늘도 좋은 날이다
오늘도 나는 배울 것이다

년　　월　　일

오늘 일어났던 기분 상했던 일은?

View : 그 일에 대해 처음 든 생각은?

Review : 다시 생각해 보니 드는 생각은?

오늘 내 기분을 상하게 했던 사람은?

View : 그 사람에 대해 처음 든 생각은?

Review : 다시 생각해 보니 드는 생각은?

오늘도 좋은 날이었다
오늘도 나는 배웠다

오늘도 좋은 날이다 　　　　　　　　　　　년　　월　　일
오늘도 나는 배울 것이다

오늘 일어났던 기분 상했던 일은?

View : 그 일에 대해 처음 든 생각은?

Review : 다시 생각해 보니 드는 생각은?

오늘 내 기분을 상하게 했던 사람은?

View : 그 사람에 대해 처음 든 생각은?

Review : 다시 생각해 보니 드는 생각은?

오늘도 좋은 날이었다
오늘도 나는 배웠다

오늘도 좋은 날이다   년   월   일
오늘도 나는 배울 것이다

오늘 일어났던 기분 상했던 일은?

View : 그 일에 대해 처음 든 생각은?

Review : 다시 생각해 보니 드는 생각은?

오늘 내 기분을 상하게 했던 사람은?

View : 그 사람에 대해 처음 든 생각은?

Review : 다시 생각해 보니 드는 생각은?

오늘도 좋은 날이었다
오늘도 나는 배웠다

오늘도 좋은 날이다　　　　　　　　　　　년　　월　　일
오늘도 나는 배울 것이다

오늘 일어났던 기분 상했던 일은?

View : 그 일에 대해 처음 든 생각은?

Review : 다시 생각해 보니 드는 생각은?

오늘 내 기분을 상하게 했던 사람은?

View : 그 사람에 대해 처음 든 생각은?

Review : 다시 생각해 보니 드는 생각은?

오늘도 좋은 날이었다
오늘도 나는 배웠다

오늘도 좋은 날이다　　　　　　　　년　월　일
오늘도 나는 배울 것이다

오늘 일어났던 기분 상했던 일은?

View : 그 일에 대해 처음 든 생각은?

Review : 다시 생각해 보니 드는 생각은?

오늘 내 기분을 상하게 했던 사람은?

View : 그 사람에 대해 처음 든 생각은?

Review : 다시 생각해 보니 드는 생각은?

오늘도 좋은 날이었다
오늘도 나는 배웠다

오늘도 좋은 날이다   년   월   일
오늘도 나는 배울 것이다

오늘 일어났던 기분 상했던 일은?

View : 그 일에 대해 처음 든 생각은?

Review : 다시 생각해 보니 드는 생각은?

오늘 내 기분을 상하게 했던 사람은?

View : 그 사람에 대해 처음 든 생각은?

Review : 다시 생각해 보니 드는 생각은?

오늘도 좋은 날이었다
오늘도 나는 배웠다

오늘도 좋은 날이다
오늘도 나는 배울 것이다

년   월   일

오늘 일어났던 기분 상했던 일은?

View : 그 일에 대해 처음 든 생각은?

Review : 다시 생각해 보니 드는 생각은?

오늘 내 기분을 상하게 했던 사람은?

View : 그 사람에 대해 처음 든 생각은?

Review : 다시 생각해 보니 드는 생각은?

오늘도 좋은 날이었다
오늘도 나는 배웠다

오늘도 좋은 날이다 　　　　　　　　　　년　　월　　일
오늘도 나는 배울 것이다

오늘 일어났던 기분 상했던 일은?

View : 그 일에 대해 처음 든 생각은?

Review : 다시 생각해 보니 드는 생각은?

오늘 내 기분을 상하게 했던 사람은?

View : 그 사람에 대해 처음 든 생각은?

Review : 다시 생각해 보니 드는 생각은?

오늘도 좋은 날이었다
오늘도 나는 배웠다

오늘도 좋은 날이다 　　　　　　　　　년　　월　　일
오늘도 나는 배울 것이다

오늘 일어났던 기분 상했던 일은?

View : 그 일에 대해 처음 든 생각은?

Review : 다시 생각해 보니 드는 생각은?

오늘 내 기분을 상하게 했던 사람은?

View : 그 사람에 대해 처음 든 생각은?

Review : 다시 생각해 보니 드는 생각은?

오늘도 좋은 날이었다
오늘도 나는 배웠다

오늘도 좋은 날이다
오늘도 나는 배울 것이다

년　　월　　일

오늘 일어났던 기분 상했던 일은?

....

View : 그 일에 대해 처음 든 생각은?

....

Review : 다시 생각해 보니 드는 생각은?

....

오늘 내 기분을 상하게 했던 사람은?

View : 그 사람에 대해 처음 든 생각은?

Review : 다시 생각해 보니 드는 생각은?

오늘도 좋은 날이었다
오늘도 나는 배웠다

오늘도 좋은 날이다
오늘도 나는 배울 것이다

년   월   일

오늘 일어났던 기분 상했던 일은?

View : 그 일에 대해 처음 든 생각은?

Review : 다시 생각해 보니 드는 생각은?

오늘 내 기분을 상하게 했던 사람은?

View : 그 사람에 대해 처음 든 생각은?

Review : 다시 생각해 보니 드는 생각은?

오늘도 좋은 날이었다
오늘도 나는 배웠다

오늘도 좋은 날이다 년   월   일
오늘도 나는 배울 것이다

오늘 일어났던 기분 상했던 일은?

View : 그 일에 대해 처음 든 생각은?

Review : 다시 생각해 보니 드는 생각은?

오늘 내 기분을 상하게 했던 사람은?

View : 그 사람에 대해 처음 든 생각은?

Review : 다시 생각해 보니 드는 생각은?

오늘도 좋은 날이었다
오늘도 나는 배웠다

오늘도 좋은 날이다　　　　　　　　　　년　　월　　일
오늘도 나는 배울 것이다

오늘 일어났던 기분 상했던 일은?

View : 그 일에 대해 처음 든 생각은?

Review : 다시 생각해 보니 드는 생각은?

오늘 내 기분을 상하게 했던 사람은?

View : 그 사람에 대해 처음 든 생각은?

Review : 다시 생각해 보니 드는 생각은?

오늘도 좋은 날이었다
오늘도 나는 배웠다

오늘도 좋은 날이다   년   월   일
오늘도 나는 배울 것이다

오늘 일어났던 기분 상했던 일은?

View : 그 일에 대해 처음 든 생각은?

Review : 다시 생각해 보니 드는 생각은?

오늘 내 기분을 상하게 했던 사람은?

View : 그 사람에 대해 처음 든 생각은?

Review : 다시 생각해 보니 드는 생각은?

오늘도 좋은 날이었다
오늘도 나는 배웠다

오늘도 좋은 날이다 년 월 일
오늘도 나는 배울 것이다

오늘 일어났던 기분 상했던 일은?

View : 그 일에 대해 처음 든 생각은?

Review : 다시 생각해 보니 드는 생각은?

오늘 내 기분을 상하게 했던 사람은?

View : 그 사람에 대해 처음 든 생각은?

Review : 다시 생각해 보니 드는 생각은?

오늘도 좋은 날이었다
오늘도 나는 배웠다

오늘도 좋은 날이다
오늘도 나는 배울 것이다

년　　월　　일

오늘 일어났던 기분 상했던 일은?

View : 그 일에 대해 처음 든 생각은?

Review : 다시 생각해 보니 드는 생각은?

오늘 내 기분을 상하게 했던 사람은?

View : 그 사람에 대해 처음 든 생각은?

Review : 다시 생각해 보니 드는 생각은?

오늘도 좋은 날이었다
오늘도 나는 배웠다

오늘도 좋은 날이다   년   월   일
오늘도 나는 배울 것이다

오늘 일어났던 기분 상했던 일은?

View : 그 일에 대해 처음 든 생각은?

Review : 다시 생각해 보니 드는 생각은?

오늘 내 기분을 상하게 했던 사람은?

View : 그 사람에 대해 처음 든 생각은?

Review : 다시 생각해 보니 드는 생각은?

오늘도 좋은 날이었다
오늘도 나는 배웠다

오늘도 좋은 날이다
오늘도 나는 배울 것이다

년　　월　　일

오늘 일어났던 기분 상했던 일은?

View : 그 일에 대해 처음 든 생각은?

Review : 다시 생각해 보니 드는 생각은?

오늘 내 기분을 상하게 했던 사람은?

View : 그 사람에 대해 처음 든 생각은?

Review : 다시 생각해 보니 드는 생각은?

오늘도 좋은 날이었다
오늘도 나는 배웠다

오늘도 좋은 날이다
오늘도 나는 배울 것이다

년   월   일

오늘 일어났던 기분 상했던 일은?

View : 그 일에 대해 처음 든 생각은?

Review : 다시 생각해 보니 드는 생각은?

오늘 내 기분을 상하게 했던 사람은?

View : 그 사람에 대해 처음 든 생각은?

Review : 다시 생각해 보니 드는 생각은?

오늘도 좋은 날이었다
오늘도 나는 배웠다

오늘도 좋은 날이다
오늘도 나는 배울 것이다

년   월   일

오늘 일어났던 기분 상했던 일은?

View : 그 일에 대해 처음 든 생각은?

Review : 다시 생각해 보니 드는 생각은?

오늘 내 기분을 상하게 했던 사람은?

View : 그 사람에 대해 처음 든 생각은?

Review : 다시 생각해 보니 드는 생각은?

오늘도 좋은 날이었다
오늘도 나는 배웠다

오늘도 좋은 날이다
오늘도 나는 배울 것이다

년　월　일

오늘 일어났던 기분 상했던 일은?

View : 그 일에 대해 처음 든 생각은?

Review : 다시 생각해 보니 드는 생각은?

오늘 내 기분을 상하게 했던 사람은?

View : 그 사람에 대해 처음 든 생각은?

Review : 다시 생각해 보니 드는 생각은?

오늘도 좋은 날이었다
오늘도 나는 배웠다

오늘도 좋은 날이다 년   월   일
오늘도 나는 배울 것이다

오늘 일어났던 기분 상했던 일은?

View : 그 일에 대해 처음 든 생각은?

Review : 다시 생각해 보니 드는 생각은?

오늘 내 기분을 상하게 했던 사람은?

View : 그 사람에 대해 처음 든 생각은?

Review : 다시 생각해 보니 드는 생각은?

오늘도 좋은 날이었다
오늘도 나는 배웠다

옮긴이 조대호

고려대학교 철학과를 졸업하고, 출판사에서 주로 인문·철학 도서를 만들었다. 현재 출판기획과 번역 일을 함께하고 있다.

원인과 결과의 법칙 실천편
- 오늘부터 좋은 사람이 되기로 했다

초판 1쇄 인쇄	2025년 5월 25일
초판 1쇄 발행	2025년 6월 4일
글·그림	이서원
지은이	제임스 앨런
옮긴이	조대호
펴낸이	신지원 신민식
펴낸곳	도서출판 지식여행
책임편집	김민아
디자인	미래출판기획
출판등록	제2010-000113호
주소	서울시 마포구 토정로 222 한국출판콘텐츠센터 419호
전화	02-332-4103
팩스	02-332-4111
이메일	editor@jisikyh.com
인쇄·제본	한국학술정보(주)
ISBN	978-89-6109-553-2 (04190)

* 책값은 뒤표지에 적혀 있습니다.
* 잘못 만들어진 책은 구입하신 서점에서 바꾸어 드립니다.
* 이 책의 전부 또는 일부 내용을 재사용하려면 사전에 도서출판 지식여행의 동의를 받아야 합니다.